ORIX BUFFALOES THE PERFECT GUIDE 2021

Buffaloes

CONTENTS

Bs選手名鑑2021

【特別付録】

キン肉マン×バファローズ Special poster

PLAYERS LIST2021

飛躍への予兆と萌芽の予感。
2021年、オリックス・バファローズは希望に満ちている。

球界を代表する主砲と無双する若きエース、
彼らが旗手となったチームには次々と新たな戦力が台頭し、
そこに絶対的守護神が4年ぶりの帰還を果たした。

誇るべき男たち。
ここにファンの熱い声援が加われば、いかなる敵にも恐れることはない。

我々は「優勝」を目指す。
新たな時代を創る。

NAKAJIMA SATOSHI
ORIX BUFFALOES 2021

中嶋 聡 監督

育成と勝利を
託された指揮官

　2020年8月21日、監督代行として一軍でタクトを振るうことになった際、最初に口にした言葉が『育成と勝利』だった。そして、肩書から"代行"が取れた今も、その信念は変わらない。育成とは本来、ある程度の時間をかけ、勝負を度外視した我慢を要する作業。ならば、この2つのテーマはある種、二律背反とも言えるもの。新しい指揮官はこれら難しい"公約"を敢えて唱えたのだ。

　多くの監督の下、捕手として29年の現役生活を送り、オリックスとして最後の優勝を知る人物。ある種"切り札"的存在が、中嶋聡監督といえるのではないだろうか。OBとして「このチームを強くしたい。このチームで勝ちたい」との思いが、監督としての最大のモチベーションになる。まずは、低迷して久しいこのチームに"勝利のカルチャー"を根付かせ、そして結実を目指していく。

取材・構成／大前一樹

原点は捕手というポジション

阪急・オリックスから、西武、横浜、日本ハムと通算29年の現役生活を、捕手一筋で送った中嶋聡監督。その間、長谷川滋利、松坂大輔、斎藤隆、ダルビッシュ有といった、のちに海を渡りメジャーリーガーになった投手のボールを受けてきた。メジャー投手だけではない。阪急・オリックスの時代は、山田久志、佐藤義則、山沖之彦、星野伸之、野田浩司らそうそうたる投手の相棒も務めた。星野伸之氏が「投手をしっかり引っ張ってくれる。強気と慎重さを兼ね備えた捕手でした」と言えば、「フォークが武器の僕に、アウトコースのまっすぐの重要性を気づかせてくれた。彼のおかげで17勝（1993年）できました」とは野田浩司氏。25年前の優勝を知るエースふたりも、『捕手・中嶋』の観察力や分析力の高さを口にする。

そういえば、オリックスでの現役時代に本人からこんな言葉を聞いたのを思い出した。「キャッチャーはいつも、相手の考えの"ウラ"ばかりを考えている。相手が予測するであろうことの反対をね。言葉は悪いけれど、相手打者との"騙し合い"。い

つもリードのことばかりを考えていた。寝ても覚めても、って感じでね」。中嶋聡"捕手"の20代半ばの頃の言葉であるが、"常に考える"という行動は今も変わらない。勝つために何を、どう考えるか。そして、それらをどう行動に移すか。結局、指揮官が選手に求めるものも、"そこ"なのだ。

代行から監督へ

2020年シーズン、監督代行として指揮を執った8月21日以降の成績は67試合で29勝35敗3分だった。この期間だけを切り取ってみれば、順位は4位。勝率5割には満たなかったものの、ファームから選手を引き上げて将来を見越して起用するなど、指揮官としての意図"中嶋イズム"が見えたことも一再ではない。

この働きに、現場の最高責任者である福良淳一ゼネラルマネージャー（以下GM）も「育成という観点では、監督代行としてよくやってくれたと思う」と一定の評価を下していた。それでも中嶋監督自身は「僕が代行になってからの数字は関係ない。結果、5割にも届かなかったわけだし、そもそもそこを目指

したわけではないですから。だから67試合だけの順位を問われても答えようがないですね」と、監督代行として残した数字自体には興味を示さない。

ただ、勝てなかった事実から、その要因を洗い出し、足りないものをチェックするという意味では、貴重な時間であり経験だったはず。「このチームの"今"の力を把握するのはもちろん、相手チームの戦力や戦い方を知る上で収穫はあった」と、自らが一軍の将として感じたことは、今季の用兵や作戦面に生きてくることは間違いない。「育成と勝利という命題を掲げはしましたが、それははっきりいって至難の業。ただ、そこに挑戦していくのが我々、現場を預かる指導者の仕事ですから、そこはやっていく」

こうして、シーズン終了後、中嶋聡監督代行は、オリックス球団としての第15代監督に就任した。

中嶋監督の"流儀"がチームを変える

「正直、荷が重いと思いますし、不安もたくさんあります。ただ、このチームをどうにか強くしたい、

このチームで勝ちたいという気持ちで（監督の任を）受けさせていただきました」

中嶋聡監督の就任時の言葉だ。"荷が重い"、"不安"という言葉は、おそらくは監督の本心だろう。四半世紀もの長い間、優勝からは遠ざかり、ここ6シーズンはBクラス。おまけに2年連続でのリーグ最下位という現実を見れば、致し方ない。ただ、そんな思いの中で"このチームで勝ちたい！"という気持ちに嘘はない。首位打者もいれば、奪三振王もいる。侍ジャパン候補を複数人有するチームにポテンシャルがなかろうはずがない。舞洲でその成長を手助けし、見守ってきた若い力も大きく伸びつつある。このチームで、このメンバーで勝ちたいという思いが湧くのも当然だ。

そんな若いチームを俯瞰しながらも、選手たちの自主性を重んじる姿勢が見えてくる。「選手たちには自分たちそれぞれの考えがあって日々取り組んでいる。そのやり方に我々指導者がいちいち口を出すべきじゃない。我々の助言が、彼らの考えや行動の否定になってはいけないと感じるのです。選手が、それぞれの課題に向き合う中で、な

かなかうまくいかずに成果が見えない時が必ず訪れる。その時になって初めて、助言なりアドバイスを送って上げられればいいと思う。そうする中で課題を克服し、力をつけて階段を上がっていく。そして次のステップにも進めるわけです」

選手のカラーを重んじながら、選手個々が取り組むテーマを理解しつつ、しっかりと見守っていく。その中で、選手から発せられるあらゆるサインを見落とすことがないように積極的にコミュニケーションを図りながらも、厳しくもあり温かい視線を送り続ける。それが中嶋スタイル、監督としての"流儀"なのだ。

独自のコーチング体制

中嶋監督がコーチ陣にまず初めに求めたのが、「いきなり教えることは止めてほしい。まずはしっかりその選手のことをよく見てほしい」ということ。これは、前述した通り、まずは選手個々の取り組みを重んじるという監督の方針に則したもので、指揮官の考えをコーチ陣に伝えたことになる。確かに、コーチ（＝COACH）の語源は、"馬

車で人々を送り届けること"から転じて"導く"という意味合いが濃い言葉。そこから派生しての"指導や指南"となったわけで、コーチの本分が"導く"ということであるならば、すぐに"教える"という行動にはならないということにもなる。

今季、オリックスのコーチ陣に新しい"血"が注がれた。ヘッドコーチに広島の前二軍監督の水本勝己氏、打撃コーチには元広島の梵英心氏、さらには投手部門に入来祐作氏を招聘した。水本ヘッドコーチは、カープ一筋で、カープ流の育成方法を知る貴重な人材だ。梵コーチもカープ野球を熟知。入来コーチは育成能力の高いソフトバンクのファームで指導者としての経験を積んできた。監督とは、ある種一蓮托生で、阿吽の呼吸が求められるヘッドコーチのポジションに、中嶋監督と同学年で、しかもポジションも捕手という点で共通点の多い水本氏を置いたのは、興味深い。福良GMも「オリックスOBという枠に囚われずに、外部からコーチとして入っていただいた。新しい血の導入で、いままでとは違ったものが見えてくるかもしれない。いい意味での化学変化

ですね」と新たなコーチ陣に期待を寄せる。

　そんな今年のオリックスのコーチングスタッフを見ると、特徴的なことがひとつ。コーチの肩書に一軍と二軍の区別がないということだ。実際に、オリックス球団が報道関係者向けにつくったメンバー表にも、コーチの欄には一軍と二軍の表記はなく、区別があるのは、中嶋監督と小林宏二軍監督のみなのだ。

　「コーチ全員で選手全員を見てもらおうということです」と話すのは福良GM。「コーチの指導力で、一軍が上で、二軍が下という区別はない。コーチ皆が同じ立場で選手を見る。監督の方針です」と続けて説明する。実際にキャンプでの練習を見ていると、監督を含めたコーチ陣が、メインとサブ、両方の球場を行き来しながら選手の動きを追っていた。これもまた、中嶋流なのだ。

キャンプでの選手振り分けもまた中嶋流

　コーチの振り分けが独特ならば、キャンプ期間中の選手のそれもまたユニークなやり方だった。練習場所の区分けから、A、B、Cの3班に選手を分けた。この基準も、単に「一軍」、「二軍」、「育成」といったカテゴリーではなく、首脳陣が見たい選手を優先的にA班の練習場所であるSOKKENスタジアムのメイングラウンドに集めたのだ。若手育成やリハビリ組のC班は大阪・舞洲に残りながら調整を続け、キャンプ終盤に宮崎に合流させるという振り分けとなった。選手の調整強度やチーム内での立ち位置を考えての組み分けで、単に一軍と二軍という仕切りとはしなかったのだ。

　中嶋監督は、「一軍、二軍という区別ではありません。実績ある選手は自分たちのペースでやればいい。あと、プロの世界に慣れる必要のあるルーキー組もB班に置きました。ただ、日々、状態を確認し仕上がり具合を間近で見たい選手もいる。我々がしっかり見て、アドバイスを求める選手がいれば、即座に対応できるようなやり方です。若い選手がメイングラウンドで練習できるというのもモチベーション的にね」とこの意図を説明してくれた。

　実際、T-岡田や安達了一、スティーブン・モヤ、小田裕也、西野真弘、杉本裕太郎らある程度、調整が任された実績組は、ほぼキャンプを通して、サブ球場での調整に明け暮れた。ただ、チームとしての連携プレーやサインプレーなどの確認を擁する場面では、実績組をメイングラウンドに召集するなど、臨機応変にメンバーの入れ替えも実施するというフレキシブルな体制をとったのも、また中嶋流だった。

　ブルペンでの投手の投球も、そのやり方が様変わり。コーチも選手も、一、二軍の区別がないため、監督をはじめヘッドコーチ、投手コーチが集まり、その日ブルペンに入る投手の年齢が高い順番から入るというやり方で、若い投手が監督や多くのコーチの目に触れるというシーンも珍しくなかった。選手にやる気と緊張感を持たせるには効果を発揮したに違いない。コーチ陣も選手も、チーム全体で垣根をなくして臨んだキャンプ。チームが一枚岩であるための意識を誰もが共有できた濃密な時間。それもまた、中嶋監督の狙いだった。

このチームに指揮官が求めたもの

　指揮官が目指す野球が、春季キャンプで徐々にではあるがはっきり見えてきた。あとはそれらを選手たちがしっかり理解し、それぞれのプレーに落とし込めるかがポイントになる。

「2年連続の最下位。ここははっきりいってあまり言いたくない部分。だけど、そこが原点であることを、我々も選手も忘れてはいけない。そこから上を目指していくという意識は常に持っておかないといけない」

　その言葉を受けて、選手たちの意識も確実に変わりつつある。春季キャンプでは、それぞれが課題に向き合い、全体練習が終わったあとの個人練習で自らを追い込んでいく姿があった。発展、成長の途上にある若いチームのオリックスだが、裏を返せば、レギュラー陣も決まっていないという現実がある。ならば、そこを奪いにいくチャンスがあるわけで、全員がレギュラーを目指して取り組んでいた。

　中嶋監督の言葉はシンプルだ。「全体練習とは、チームの決まり事をしっかりやってもらうためのもの。チームとしての共通認識を明確にする場。チームが向かう方向なり、そのためのやり方をしっかり覚えてもらう時間。問題はそこから先。個々のレベルアップのための個人練習。ここでは徹底的に自分を追い込んでほしい。練習は、厳しく、明るく、妥協なくやるものです」。ただ、強豪が列挙するパ・リーグを勝ち抜くことが、容易ではないことは指揮官が最もよく知るところ。

「勝つためには、走・攻・守のすべてがバランスよくならないとダメ。打つこと、投げることのバランスをよくすること。それが勝ちへの一番の近道。だからこそ、全員が伸びてほしい。全員の力を合わせないと、このリーグを勝ち抜いてはいけないから」と、言葉は熱を帯びてくる。

　テールエンドからの逆襲のためにも、個々の能力アップは欠かせない。選手達に指揮官の思いが、キャンプ中の監督の言動から伝わらないはずはない。

いざ2021年シーズンへ！

　中嶋聡新監督が目指すのは、開幕ダッシュだ。はっきりいって、オリックスはここ数年、開幕から序盤の戦いで躓いている。特に開幕戦に至っては、2011年に引き分けて以来、昨季まで9連敗を喫しており、10シーズンに渡って勝ちがないのだ。それらのうちの多くは、接戦を落とすという手痛いもので、その後の戦いに影を落としたことは間違いない。

　とにかく、今年は開幕戦で勝って勢いをつけたいのだ。「今年はオリンピックによる夏の中断期間が予定されています。そうなると、前期と後期があることになる。だからこそ、前期にあたる序盤戦で乗り遅れたら取り返しがつかなくなる。最初からトップギアでいかないとダメ」と指揮官は言い切った。良いスタートを切るために、やはり開幕シリーズから突っ走りたい考えだ。

　監督、コーチ、選手全員が束になって全力で戦う。きわめてシンプルな方法で、上を目指して戦っていく。29年の現役生活では、上田利治、仰木彬ら多くの名監督の薫陶（くんとう）を受けた。「数々の素晴らしい監督と一緒にやらせてもらった。その方々の良いところを全部取ってやっていこうという気持ちです」。そう言った時、中嶋監督の表情が少し緩んだように思えたのは気のせいではあるまい。

　育成と勝利という難しいテーマを抱えながらのシーズン。四半世紀ぶりの優勝に向けて、賽は投げられた。新たなスキッパーの航海が始まる。

さぁ、
もっと気持ちいい
セカイへ。

どこまでも安心で どこまでも快適で
どこまでも行きたくなる。
大切な人との一瞬一瞬が、
誰よりも輝く かけがえのない体験になる。

すべての移動を感動に変えるクルマ
NEW LEVORGが、
日本カー・オブ・ザ・イヤーを
受賞しました。

CAR OF
THE YEAR
JAPAN
2020
2021

2020-2021
日本カー・オブ・ザ・イヤー
受賞

日本カー・オブ・ザ・イヤー実行委員会主催

LEVORG

キン肉マン

© YUDETAMAGO

×

Buffaloes

人気漫画家「ゆでたまご」先生と運命的な大阪コラボ!!

球場に稲妻走る〜♪ 40年以上ファンに愛される『キン肉マン』の原作者で、京セラドーム大阪がある大阪市で生まれ育った漫画家ゆでたまご先生が、『バファローズ』に"超人"を送り込んできた! それは、"1000万パワー"で敵を蹴散らしてきたバッファローマンだ。悪魔超人から正義超人に会心したことでも有名な最強助っ人が、今度はバファローズの背番号『1000』のユニフォームに袖を通し、必殺技"ハリケーン・ミキサー"を

炸裂させる!? さらにゆでたまご先生は、"超人的ストレート"を繰り出す山本由伸投手と"超人的スイング"で驚弾を放つ吉田正尚選手を完全に超人化させ、大阪に旋風を巻き起こそうとしているのだ!

この時空を超えた運命的"大阪コラボ"を見逃すな! バファローズ戦士たちよ、キン肉バスターで相手を凌駕し、心に愛あるスーパーヒーローとして、『正義＝優勝』へGoファイト!!

バッファローマンがバファローズに入団!?

吉田正尚＆山本由伸が超人化!!

キン肉マンとは

1979年から1987年まで『週刊少年ジャンプ』（集英社）で連載されていた超人プロレス格闘マンガ。キン肉星の王子で超人でもある主人公・キン肉スグル（通称・キン肉マン）が、他の超人たちとさまざまな戦いを繰り広げる物語。友情、努力、勝利という、雑誌のテーマが表現されたストーリーで多くの子どもたちを熱狂させた。2011年からは『週プレNEWS』（Web）にて続編の連載が再開され、現在は『週刊プレイボーイ』でも毎週月曜日同時掲載中。コミックスは73巻まで発売している。

ゆでたまご先生

嶋田隆司（しまだたかし／1960年10月28日生まれ、大阪府出身）、中井義則（なかいよしのり／1961年1月11日生まれ、大阪府出身）による共同ペンネーム。小学4年生で知り合い、中学時代から合作をスタートさせる。78年には『キン肉マン』が第9回赤塚賞準入選。翌年には、『週刊少年ジャンプ』で連載が始まり漫画家としてデビューを果たし、作品は大ヒット。その後も、プロレス・格闘技を題材としたギャグ漫画を世に送り出すなど、現在も活躍中。

嶋田隆司先生

中井義則先生

キン肉マン × 18 山本由伸
YAMAMOTO YOSHINOBU

ガァーカッカ！

ゆでたまご先生からのMessage

今回、山本投手は球種が多彩だということなので、アシュラマンの超人力をイメージしました。やはりお顔の特徴をつかむのが難しい点のひとつですが、山本投手に似せるというよりも爽やかなキャラクターを意識して描かせていただきました。（中井）

圧倒的なストレートや、多彩で切れ味鋭い変化球を自在に操る姿は手が6本あるアシュラマンのイメージが湧きました！（嶋田）

まさにアシュラマン！これなら色々な球種をどんどん投げ込めそうですね！

人気キャラクターにあやかって僕もマウンドに仁王立ちで相手チームに立ちはだかりたいです！

キン肉マン × 34 吉田正尚
YOSHIDA MASATAKA

ゴゴゴゴ

ゆでたまご先生 からのMessage

吉田選手については、かなりビルドアップされた超人体型、五体からみなぎるパワーを意識し、別世界からやってきたバファローズのヒーローをイメージして描かせていただきました。キン肉マンの超人ではネプチューンマンといったところですね。(中井)

吉田選手の爆発的なパワーと高確率を発揮するフルスイングを産む筋肉はキン肉マンビッグボディ!(嶋田)

国民的人気マンガの登場キャラになれたような気分で感激です!ゆでたまご先生!

このイラストを今シーズンのビジョンチャンス動画に使わせてください!よろしくお願いします!

15

バッファローマン バファローズ ver.

ゆでたまご先生 からのMessage

バッファロ マンにバファローズのユニフォームがこれほど
似合うのか！と描きながら感心してしまいました。(中井)

バファローズのユニフォームを纏う姿は、現役バリバリのメ
ジャーリーガー入団のような期待感があります！(嶋田)

超人ベストナイン！

キン肉マンのキャラクターで『超人野球チーム』をつくり、どんなオーダーを組むのか、ゆでたまご先生に考えてもらいました！

中井先生考案！超人ベストオーダー

1	ペンタゴン	
2	ブロッケン Jr.	
3	テリーマン	
4	バッファローマン	
5	ロビンマスク	
6	ウォーズマン	
7	ジェロニモ	
8	キン肉マン	
9	ラーメンマン	
P	アシュラマン	
代打	マンモスマン	

まずスピードのペンタゴンが塁に出て、曲者のブロッケンが塁を進め、左のテリーマン、パワーのバッファローマンでランナーを返す。テリー、バッファローマンが凡退しても5番のロビンマスクがオールマイティーに期待が持てて、次につないでいけるオーダーです。キン肉マンを8番にした理由はチームが劣勢の時でも奇跡の逆転ファイター・キン肉マンならひっくり返してくれるという期待です。そして、代打の切り札としてのマンモスマンは最強です！落ちる球が少し苦手ですが、ボールを捉えたら確実に場外まで運びます。ピッチャーはなんと言ってもアシュラマンです。6本の手から繰り出す変化球や直球はどこのスラッガーでも打ち返すことは不可能でしょう。

嶋田先生考案！超人ベストオーダー

1	ザ・ニンジャ	
2	ブロッケン Jr.	
3	キン肉マンビッグボディ	
4	バッファローマン	
5	ロビンマスク	
6	ウォーズマン	
7	ジェロニモ	
8	キン肉マン	
9	ラーメンマン	
P	アシュラマン	
代打	マンモスマン	

僕もほぼ同じですが、1番にザ・ニンジャを入れました。ザ・ニンジャは塁に出たら変幻自在な走塁でかき回せるし、外野手としても的確な判断力、守備範囲の広さやフェンス際の守備が期待できます。3番には強打者キン肉マンビッグボディ、流行りの2番にスラッガーを置くのもいいかと迷いましたが3番なら4番に控えるバッファローマンを警戒した相手投手が、キン肉マンビッグボディに対して甘い球が多くなると思うので、打率もあがるし、逃さず持ち前のパワーで外野スタンドに運んでホームランも増えると思います。

Q&A

Q ゆでたまご先生は野球少年だったとのことですが、当時憧れていた野球選手や当時の印象に残っている思い出などがあったら教えてください！

中井 僕は生まれも育ちも大阪ですが、憧れは背番号3の巨人の長嶋茂雄さんでした。甲子園で現役時代の長嶋さんを見た記憶は鮮明に残っています。阪神の江夏豊・田淵幸一バッテリーも好きでした。仰木彬監督率いる当時のオリックスも好きで、バランスのとれたいいチームだなと思っていて、試合結果もよくチェックした記憶があります。

嶋田 今回のコラボのお話を頂いたとき、子どものころに父と初めて球場に行ったのが日生球場だったのを思い出しました。放課後は三角ベース

をやったり、草野球の審判をやっていた父と中井くんと3人でよくキャッチボールしていました。

Q キン肉マンのキャラクターの中から、オリックス・バファローズに助っ人として入団させるならどのキャラクターを推薦されますか？

中井 やはりキン肉マンです。とにかく何をしでかすか読めませんし、ムードメーカーになれそうです。

嶋田 パワーがあり、チャンスに強くチームプレイで献身的な行動も取れるバッファローマンか、ザ・ニンジャみたいな変幻自在の超人もリードオフマンとして活躍できると思います。

Q オリックス・バファローズの印象について教えてください！

中井 実力派の若い選手が多く、数年かければ優勝候補の常連になってくるのは間違いないと

思います。

嶋田 近鉄、阪急時代から個性の強い選手が育つチームの印象です。粒ぞろいの若手選手は一気に化け、野茂英雄やイチローのようなスーパースターになる選手が現れると思うので楽しみにしています！

Q 最後に、オリックス・バファローズに向けてエールをお願いします！

中井 バファローズとバッファローマンで、以前から親近感はありましたのでぜひ関西の常勝チームになっていただきたいです！

嶋田 大阪出身で東京に来て40年たちますが、やはり関西のチームを応援しています。若手メンバーが揃ってきた今年は優勝のチャンスだと思いますので期待しています！

捕手の"器"

松井雅人 × 伏見寅威 × 若月健矢 × 頓宮裕真

Matsui Masato　　Fushimi Torai　　Wakatsuki Kenya　　Tongu Yuma

器【うつわ】：事を担当するに足りる才能、能力。器量。または人物の大きさ。

辞書によって多少の差異こそあれ、概ね人を表現する際の"器"の意味はこうである。

2021年シーズンを前に、バファローズの"扇の要"たる捕手4人が、自らがろくろを回し、つくり上げた陶器の"器"を前に、捕手の責任、捕手の魅力について語り合った。

チームメイトであり、同時にライバル関係にある4人が、そろって口にしたのは「チームの勝利」。捕手としての"器"に最も適う選手は誰なのか？ 捕手ならではの深い話に耳を傾けようではないか！

捕手の器———。何かしら哲学めいたテーマの対談が始まる。

取材・構成／大前 一樹

●取材協力

舞洲陶芸館

須恵器発祥の地、大阪で陶文化の再興を願って生まれた難波津焼。
大阪湾の海底粘土を利用しての焼きもので、この難波津焼を通して、
陶芸にふれてもらおうと、陶芸体験教室なども開講されている。

住所：　〒554-0042 大阪府大阪市此花区北港緑地2丁目2-98
TEL：　06-6463-7282
営業時間：【平日】10:00 ～ 16:00【土日】10:00 ～ 17:00
休館日：　毎週月・金曜日、年末年始 ※月・金曜日が祝日の場合は営業致します

それぞれの"器"が完成!

——今回、皆さんに挑戦して頂いた陶芸。実際にろくろを回しての力作です。果たして、皆さんの作品である"器（うつわ）"から、捕手としての度量が見えてくるのでしょうか?

松井 これは茶碗です。出来栄えは完璧です（笑）。幼稚園以来かな? でも、陶芸の先生からは「手際が良い!」って言われました。

伏見 僕はお皿。いい感じでしょ。こういう企画のときは、いつもなら笑いに走りがちなのですが、今日はいたって真面目にやりました。お皿は、奥さんからのリクエストなんです（笑）。

若月 結果的には丼です。家に丼がないので（笑）。何度かつくり直して……出来は100点満点の20点。陶芸、初めてなもので。

頓宮 僕は野菜を盛る器です。いい感じの出来栄えじゃないですか? 僕の地元は備前焼が有名なので、陶芸の経験は何度かありました。

支え合う仲間であり
ライバルでもある

——皆さん、三者三様ならぬ四者四様。タイプの違う捕手ということで、狙いや作風、その手さばきも個性にあふれていましたね。さて、皆さんのキャッチャーとしてのキャリアを教えてください。

松井 僕は高校1年からキャッチャーをやっています。それまではピッチャーでした。キャッチャーをやり始めた頃はとにかく楽しかったです。でも、高校、大学、プロと、レベルが上がるにつれて大変になっていきましたね。

伏見 僕は中学3年からですね。それまでは、ピッチャーをやったり内野をやったり。最初は楽しかったです。他のポジションと違って、キャッチャーって一人だけ違う方向を向いているじゃないですか。だからその景色が新鮮で。でも、難しいポジションですよね。仕事量は多いし、痛いし（笑）。

若月 僕は野球を始めた小学1年からですね。少年野球の見学に行った時に、いきなりキャッチャーミットを渡されて。それ以来ずっとキャッチャーです。ピッチャー経験もないですし。だから、練習でノックを受けるのが、皆さんと違って滅茶苦茶下手クソ。僕のノック、見ていてください。悲惨なものです（笑）。

頓宮 僕も小学1年からずっとです。プロに入ってサードを守りましたが、それまでは内野もほぼ未経験でした。でも、わずかな時間でしたがキャッチャーを離れてみて、あらためてキャッチャーの面白さがわかったような気がします。

——なるほど。皆さんは、チームメイトでありながらライバルでもあるわけですが、それぞれが違った個性を持ち、それぞれの強みを発揮されています。お互いがお互いを、どう見ているのか興味があります。この中では最年長の松井選手について他の皆さんはどんな風みていますか?

伏見 雅（みやび）さんは、年長ってこともありますが、お兄さん的な存在ですね。野球に関すること、特にリード面で相談に乗ってくれますし、より正しい判断を示してくれる先輩です。

若月 いとこのお兄さん（笑）!

松井 ナメていますよね（笑）。

若月 本当に頼りになる存在。ダメなところはしっかりダメ出ししてくれますからね。

頓宮 僕は10歳年下になるのですが、優しい先輩です。今日も、お風呂場で一緒になったとき、白髪染めの話で盛り上がって（笑）。本当、気さくに接してくださる先輩です。

松井 僕はトレードでオリックスに来たわけですが、こんな風に思ってくれているのは光栄です。逆に僕から見た彼ら3人は、それぞれ力もあるし頼れる後輩って感じですかね。

——では、伏見選手について他の3人はどう思っていますか?

松井 ピッチャーをグイグイと引っ張っていく感じのキャッチャーですね。

伏見 そこは自分としても意識しています。もちろん、キャッチャーなら多かれ少なかれ、そういう部分はあると思いますが、僕は特に強くこだわる部分かもしれませんね。

若月 グラウンドに来るのも一番早いですし、皆からも信頼されているところは見習いたい部分です。松井さんがいとこのお兄さんなら、寅威さんは学校の先生。僕が新人で入寮したての頃、寮長のようにガミガミ言うんです（笑）。最初は「何だ? この人」って感じでしたが、だんだん寅威さんの良さがわかってきました。

頓宮 寅威さんはチームのムードメーカーですね。オンとオフの切り替えも上手いです!

伏見 そうなんです。僕、結構言っちゃうんですよね。黙っていられなくて、つい。実は他からも「学校の先生みたい」って言われたことがあって、健矢もそう思っていたとは知りませんでした（笑）。でも、言っちゃいますねぇ。

——若月選手のことはどう映っているのでしょうか?

松井 第一印象はヤンチャ坊主。でも、よく見ると体もガッチリして、ケガにも強い。キャッチャーとしての素質はすごいものがあります。

伏見 野球以外はとんでもない子ども。さっき、僕のことを口うるさいと言っていましたが、あれは完全に健矢が悪いですからね（笑）。野球に関して言えば、最初はヘタクソだったのに、努力でアッという間に上手くなった印象があります。私生活は別にして、キャッチャーとしては見習うべき点はありますね。

頓宮 僕の1個上には見えないくらいしっかりしていて。ユニフォームを着ている時は"大人"です。でも、ゴルフでご一緒すると、はっちゃける。その姿を見ると、やっぱ1つ違いなんだなぁと思います（笑）。

若月 確かに、ユニフォームのときは、猫を被っています（笑）。まぁ、オンとオフの切り替えってやつですか。

——では4人目、頓宮選手はどうでしょうか。

松井 若いし、何よりも勢いを感じますね。バッティングも強みだと思いますし。まぁ、本人としては、いろいろ感じるところもあるでしょうが、思い切ってやればいいと思います。失敗を恐れずに。

伏見 僕から見ても上手いと思います。さすが、小1からずっとキャッチャーってだけあります。キャッチングも上手いし、とにかく堂々とプレーできている感じがすごい。

若月 年齢も近いし、ライバルです。キャッチャーとして1年間のブランクがあったにも関わらず、普通にこなせている。やはり、ライバルですね。

綺麗な藍色に焼き上がった松井選手の茶碗

奥さんも大満足!? の伏見選手のお皿

味のある若月選手の丼ぶり

頓宮選手のお皿には"おいしい"の文字が

頓宮　雅さんからも仰っていただきましたが3人の先輩と比べ、自分は経験も少ないですし、そこは試合を通じて学んでいきたいところです。まだ、一軍で結果も出ていませんから、まずは皆さんに追いつき、追い越すことを目指してやっていきたいですね。

捕手としての"読み"
打者としての"読み"

——何かと苦労の多いポジションですが、捕手として報われたと思える瞬間を教えてください。

松井　やっぱり試合で相手を完封できた時ですね。もちろん、打つことも大切なのですが、キャッチャーとして投手をしっかりアシスト出来た時に喜びを感じます。例えば、投手がヒーローインタビューで「キャッチャーのリードに助けられました」なんて言われたら、やっぱりうれしいですよ。

伏見　ほんと、そうなんですよね。チームが勝った時のうれしさは何とも言えないです。キャッチャーで試合に出る以上、まずは守り。試合をしっかりつくることが第一だと思います。

若月　勝ってマウンドに集まるあの瞬間が最高にうれしい。そのために、皆が一所懸命やっているわけですからね。

頓宮　ピンチで相手打者を見逃し三振に打ち取って、ベンチに帰る時がうれしい。自分のリードや配球でピッチャーがそこに投げ切ってくれた時は最高です。僕も守りに重点を置いて考えますね。

——他の捕手のリードや配球などは参考にされるのでしょうか？

伏見　他の人のリードはめちゃ見ています。リードになかなか正解は見つけづらいのですが、それぞれの考え方はリードから見えてきますからね。

松井　何年やっていてもそうだよね。

若月　他のキャッチャーの配球、攻め方と自分の考えを照らし合わせるというか。自分ならこうするってことは、ベンチに居る時はずっと考えていますね。

頓宮　そこは経験の少ない僕としては、一番の勉強なんです。

——なるほど。ただ、打って投手を助けることも大切です。伏見選手は、昨シーズンは打線の中軸も任されました。

伏見　あれは大変ですね。キャッチャーとして打線の軸に入ることはありがたいことですが、難しさの方が大きい。西武の森（友哉）くんは、シーズン通してクリーンアップを打っているわけですから、すごいことです。

若月　昨シーズン、僕も序盤はバッティングの状態は悪くなくて、まずまずのスタートを切ることができました。でも、シーズンは長い。好調をキープするのは本当に難しいと感じました。

伏見　健矢とも話しているのですが、僕らは"150打席の壁"と呼んでいます（笑）。

若月　シーズンを戦う中で、同じ投手と複数回対戦しますよね。だいたい、150打席を超えるあたりから、相手の攻め方が変わってくるんです。

伏見　僕らも守る立場から考えてみると、相手打者への攻め方はシーズンを戦う中で、当然変えます。だから相手もそうしてきますよね。

——そこは、皆さんの捕手としての読みで対抗するってことじゃないんですか？

伏見　それがですねぇ……キャッチャーとしてリードする際の"読み"と、打席に入った時の相手投手への配球の"読み"は違うんですよ。打席では、キャッチャーではなくバッターとしての読みに変わってしまう。

松井　よくわかる、本当にそうなんですよ。バッターとして、相手バッテリーの配球、組み立てを読むのと、自分がマスクを被って、相手打者の心理を探る"読み"とは別物なんだよね。

——興味深いお話ですね。皆さんが憧れる捕手、お手本となり目指すべき捕手は誰なのでしょうか？

松井　キャッチャーを始めた頃によく見させていただいたのが古田敦也さんです。打てて、守れてという万能型のキャッチャーです。ID野球（Important Dataの略で、かつて、野村克也監督が提唱したThinking Baseballのひとつ）を実践されたキャッチャーでいらっしゃいましたから。

伏見　僕の場合は、この人っていうのがないですね。もちろん、そのプレースタイルを参考にさせてもらうことはありますが。とにかく、目指すところはしっかり守れて、打線においても欠かせないキャッチャーです。

若月　僕はセントルイス・カージナルスのヤディアー・モリーナ！WBC（プエルトリコ代表）での活躍もカッコよかった。あと、座ったままでのセカンド送球。あの肩の強さに憧れます。今季、真似してみようかと思っています（笑）。

頓宮　広島の會澤翼さん。どっしりしていて、あの感じに憧れます。存在感がとにかくすごいです！

──さて、今回は捕手の皆さんにお話しを伺っているわけですが、もし、もう一度野球人生をやり直せるなら、捕手というポジションを選択されますか？

松井　プロ野球選手にならない、という前提ならキャッチャーは選びませんね。選ぶならピッチャー。野球の中心はピッチャーでしょ。ピッチャーが投げなければ、試合は始まらないわけですからね。ただ、プロの道を目指すなら、ピッチャーではないでしょう

ね。自分はキャッチャーだったからこそ、プロの道に進めたわけですからね。

伏見　やり直すなら次は違うポジションを選ぶかなぁ。選ぶならショート！自分の動きは、"ドスドス"って感じなので、安達（了一）さんや西武の源田（壮亮）くんみたいな、軽快に動けるタイプのショートに憧れますね。

若月　僕はセンター！子どもの頃、センターを守る新庄剛志さんに憧れていたので、背番号「1」を付けて、センターで走り回りたいです（笑）。ピッチャーは遠慮しておきます。

頓宮　外野ですね。しかも、レフトかライトの両翼。スタンドに近いから目立ちますしね（笑）。センターは守備範囲も要求されるので、キツいからレフトかライトで！

それぞれが考える
捕手としての"器"

──ここまで、皆さんの捕手としてお持ちの哲学、持論をお聞きしてきましたが、最後に今回の対談のテーマである核心に触れたいと思い

ます！ズバリ、捕手の器とは？

松井　あくまで、キャッチャーは受け手であることを忘れてはいけないと思います。先ほども言いましたが、中心はピッチャー。そこをいかに生かせるか！あくまでも、ピッチャーがいてこそのキャッチャー。ピッチャーのボールと思いを受ける"器"は大きい方がいいですよね。キャッチャーの存在自体が"器"でなければいけないのだと思います。

伏見　人にもよりますが、いい意味で総じてピッチャーってワガママです。逆に自分勝手でないとやっていけないポジションです。そこを、うまく制御するのがキャッチャーの最大の仕事。ときにわがままを許し、ときには僕のわがままを納得して受け入れてもらうこともあるわけです。雅さんも仰いましたが、僕らは受け手。その受け皿は広く深くあるべきで、その度量こそがキャッチャーの器なんでしょうね。

若月　野球はピッチャーがよくてなんぼ。ならば、そのピッチャーのよさを最大限に引き出すのがキャッチャーの仕事。この考えは入団当初から変わらないです。ピッチャーのすべてを受け止める器なんです、僕らキャッチャーは。

頓宮　僕は短気で怒りっぽい性格なので、先輩たちの器の域には達していませんが、ピッチャーをうまく乗せられるように、怒る、褒める、おだてるをうまく使い分けながらリードしたい。そのためにも、経験を積んでいく中で器を大きくしたい。僕の場合は、キャッチャーとしての経験が器ってことになるのでしょうか。

───────────

　人それぞれ、捕手としての野球観が垣間見られて、今回の"器"を前にした対談は非常に興味深いものになった。捕手としての器を、さらに磨き上げ、色付けして、完成に向かうその過程を、今季のプレーの中で追っていきたい。4人の捕手としての器は、製作手法も違えば形も違う。それらは、捕手としての感性やキャラクターの違いに他ならない。ただ、焼き上げというゴールはチームの勝利という点で、ブレはない。

　大きく、広く、そして深みのある捕手の器に期待したい。

HIRANO YOSHIHISA
ORIX BUFFALOES 2021

平野 佳寿

海を渡った侍が
帰ってきた！

　春季キャンプ2度目の休養日だった2月10日、宮崎市内のホテルに設けられた会見場に姿を現したのは、"坊主頭"の平野佳寿だった。「やる気の表れです」と無邪気に笑うその表情は、4年前となんら変らないものだった。自らの力を信じ、海を渡ったのが2018年。世界最高峰のリーグでは、26試合連続無失点とダイヤモンドバックスの球団新記録をマークするなど、リリーバーとして存在感を示してきた。環境の変化にもうまく適応し、勝ち試合の継投のワンピースとして、3シーズンで通算150試合に登板した実績は確かなもの。日本でもアメリカでも、どの舞台でも揺るがぬ信念を持ち、そのブレないプレースタイルこそ、彼の強みである。

　舞台は再び、オリックスへ。僕らの"ヨシヒサ"が帰ってきた。

取材・構成／大前一樹

実績と経験、何よりも彼の人間性

会見場に現れた平野佳寿の隣で、穏やかに笑みを湛えていたのは福良淳一ゼネラルマネージャー（以下GM）だった。チーム編成上、なかなか決まらなかったクローザーに適任の"助っ人"を獲得できた満足感があった。ただ、GMの晴れやかな表情は、かつてともに戦ったファミリーの一員が、"里帰り"してくれたことへの喜びと安堵によるものだと言った方がいいかもしれない。

「若い選手が多いチームだけに、彼の経験と実績が良い影響を与えてくれるのは間違いない。ブルペンをまとめるリーダーシップにも期待しているよ。何よりも、彼の人間性が素晴らしいからね」希望枠入団となった2006年からNPB通算12年間で549試合に登板した右腕に対し、福良GMは賛辞の言葉を惜しまない。そして、若手の良き手本という点において、平野自身も協力をいとわない。

「4年前と比べて、知らない若い選手もたくさんいるわけで、彼らと一緒にプレーするのは楽しみです。僕の経験が彼らにとってプラスになるのであれば、そこは何でもね。ただ、僕の方から押し付けるのではなく、聞きにきてくれたら、協力も

できれば、アドバイスだって送れる」

気さくな話口調も以前のまま。実際、チーム合流の初日には、かつてのチームメイトのみならず、初対面の若手選手にも積極的に声をかける姿があり、「しっかりコミュニケーションを取ることも、チーム力の底上げのために大切なこと。そういった部分でも力になれたらいい」と笑み。ルーキーイヤーの1シーズンだけ、平野とプレーをともにしたことのある山岡泰輔は、「何でも教えてくれた優しい先輩でした」と懐かしむ。飾らない、平野の立ち居振る舞いもまた、あの頃と変わらない。

与えられた役割を全うするのが "ヨシヒサ流"

球団が平野に期待する役割は、守護神（＝クローザー）である可能性は高い。ブランドン・ディクソンを先発に戻すという構想は中嶋聡監督の描くところであり、増井浩俊も先発としての調整を進めている。ここ数年、課題となっているブルペン防御率（昨季は4.07でリーグ5位）の改善が急務のチームにとっては、平野の加入は非常に心強く、日米通算164セーブという彼の実績を勘案すれば、彼に期待される役割は自ずと見えてく

るわけだ。

では、平野自身は自分の役割をどう捉えているだろうか。

「僕自身、正直言って、"絶対ここ"っていうのはない。プロに入ってから、ここをやらせてほしいと言ったことはないんです。首脳陣から任された役割に徹してきました。だから、今回のオリックス復帰に際しても、"ここでなきゃ嫌だ！"なんてことは、まったく思ってもいません。GMや監督に任されたところで、全力を尽くすつもりです。やれと言われれば先発だってやりますよ（笑）。僕もプロ16年目。それなりにキャリアは積んではきましたが、与えられた場所で結果が出なければ、その役割を誰かに譲らなければならない。1年1年が勝負の世界とはそんなものです」

平野らしい、ドライでありながら実に的を射た言葉として、耳に入ってくる。

高い適応能力こそ "ヨシヒサ"の強み

平野のメジャーでの成功の要因のひとつに、彼が有する適応能力の高さが挙げられる。硬いマウンドに滑るボール、短い時間、少ない投球数

で肩をつくらねばならないブルペンなど、およそ日本式の野球とはかけ離れた環境に慣れなければ、何も事は始まらないのだ。その環境に、彼は見事にアジャストしてみせた。必要に応じて、カーブの握りも変えた。フォークの多投もいとわなかった。そんな異国での濃密な時間を経たあとの日本球界への復帰が、困難なものになるとは考えにくい。

「ボールは、確実に日本のモノの方が品質は高いですよ。それに、1月の自主トレでキャッチボールを一緒にやった比嘉（幹貴）さんは日本のボールを投げてきましたから（笑）。ボールに関しては大丈夫ですよ。あとは、マウンドの硬さや傾斜の部分で、慣れは必要でしょうが、それほど心配はしていません」

　確かに、平野はメジャー1年目のスプリングキャンプで、アメリカ式のマウンドに適応し、ダイヤモンドバックスのトレイ・ロブロ監督を驚かせている。彼の表情に不安が微塵も感じられないのも当然。頼もしい限りだ。

背番号16の存在感

　背番号は、復帰会見でも披露した「16」となった。その姿は、違和感がないどころか、平野佳寿の背中に、これほどしっくりする番号は他にないと思えるほどだった。この背番号が空き番になっていたのが、偶然なのか必然のことなのかはこの際、問題ではない。日本での、いや、このチームでの"ヨシヒサ"の番号は「16」でないと合点がいかないというのは、筆者のワガママと言わざるを得ないのだが……。

　ただ、彼の言葉はあまりにもそっけない。「僕の場合、チームを変える度に、背番号を変えてきた（ダイヤモンドバックスでは「66」、マリナーズでは「6」）ので、今回も変えようかなと思いましたが、球団から『それは困る！』って言われました（笑）」。しかし、ここまで変えた番号にはいずれも「6」が含まれているということに、彼の原点である数字

にこだわる"本心"があるのではないか。ぜひ、そうあってほしいと、この期に及んでも思う次第である。

　さて、平野がチームに合流したキャンプ第3クール初日（2月11日）、チーム関係者は皆、「16」番に安堵し、歓迎の意を表した。やはり、今もこのチームにおける「16」番は"ヨシヒサの番号"なのだ。16番という背番号によって、3年という時間が隔てたチームとの距離感が、瞬時に縮められたことは確かだった。

変わらぬチーム愛が生んだ決意

　2020年秋、アメリカでの3シーズン目を終えた際、彼の思いはメジャーでのプレー、一択だったという。ところが、コロナ禍の影響で、アメリカFA市場の動きが鈍くなったことで、日本球界復帰という選択肢の存在が日増しに大きくなっていった。

「なかなか状況が動かない中で時間が過ぎていきました。そんな時、それまでもずっと僕の動きを気にかけてくれていたオリックス球団から声をかけていただきました。そこで、（日本球界へ）帰るのなら"今"、と判断したわけです。日本の野球界も先行きが見えない状況にあるにも関わらず、迎え入れてくださった球団には感謝しています」

　オリックスへの復帰の経緯を明かした彼は同時に、日本での"セカンドキャリア"が、メジャー復帰に向けた"腰掛け"移籍ではないことを明言した。

「メジャー復帰ですか？　今は考えていません。1年1年が勝負という思いで頑張るだけです。オリックス球団から受けたこの恩は、優勝という形で返すしかないですから」

　この1年に懸ける並々ならぬ決意が伝わってくる。平野の座右の銘は『一所懸命』。今回の日本球界復帰における"一所"とは復帰したチーム。

「オリックスのために体がボロボロになるまで頑張る！　そして優勝したい！」。その言葉に嘘はない。あのヨシヒサが帰ってきた。このチームを強くするために。オリックスで勝つために……。

　2020年11月11日、能見篤史は149km/hのストレートを投げ込んで、縦縞の「14」番に別れを告げた。開幕投手を2度任され、5度の2桁勝利と最多奪三振のタイトルを獲得（2012年）し、通算で104個もの白星を重ねてきた左腕に"引退"の選択肢はなかった。現役続行の希望を表明する男に対し、オリックスが即座にアプローチ。地域的にも近く、生活環境をほとんど変える必要のないチームからのオファーに、躊躇う理由はなかった。甲子園でのラスト登板から37日後、ネイビーブルーの「26」番が、誕生した。

取材・構成／大前一樹

NOHMI ATSUSHI

ORIX BUFFALOES 2021

能見 篤史

戦いはまだ終わらない。
新天地での挑戦！

年末の入団会見で、福良淳一ゼネラルマネージャー（以下 GM）はコーチ兼任という肩書を与えた理由について尋ねられると、こう答えた。

「オリックスには若い選手が多くいて、経験と実績が豊富な能見くんが若手に良い影響を与えてくれるはず。若手への助言などはもちろん、投球や練習方法においてお手本になってくれたらいい。でも、軸足はあくまでも選手側で」

能見自身、「まずは、選手として、と言ってもらっているので、自分が戦力にならないと話にならない。その上で、しっかり若い選手には何らかのアドバイスが送れればいい」とあくまでも、プレーヤーファーストの姿勢を強調するが、いざ春季キャンプを迎えると、自身の練習だけではなく、若手に対してのコーチ業にも多くの時間を割いた。「まずは、選手をじっくり見て、知ることが大切」と、紅白戦やブルペンでのピッチングに熱い視線を送っていた姿は、実に印象的。「僕の場合、口でいろいろ伝えるタイプではない。だから、まずは、自分の背中を見て、ついてきてくれたら。そのためには自分がしっかりしないといけない。いろいろ聞いてきてくれたら、アドバイスや助言は惜しみませんよ」と自然体でありながら、投手陣のお手本となるべく先頭を走ることを決めたのだ。

キャンプ初日、「コーチ会議には出なかったのですが、出なきゃいけなかったのかなぁ」と苦笑いを浮かべた男に与えられた仕事は、多岐にわたっている。

貫く"能見流"スタイル

改めて振り返る。2月1日、春季キャンプの初日。真っ先にブルペン入りしたのは、投手最年長の背番号「26」だった。そういえば、阪神時代の昨年春季キャンプでも第1クール初日から4日連続でブルペンに入り300球を投げていた。それにならったのか、新たな環境で迎えた今年のキャンプでも第1クールからブルペンで4連投。第2クール初日も、ブルペンに能見の姿があった。

少なからぬ気負いと、緊張感を持ってキャンプに入ったことは間違いない。「新人の時と同じではないけれど、やはり緊張しましたね。だけど、やることに変わりはないですから」とオリックスで迎える初めてのキャンプインの心境を語ってくれた。

この第1クール4日間のブルペンでは、毎日セットポジションでの投球に終始した。「走者がいる

戦力外から、もう一度輝きを

2020年12月18日、スーツ姿で入団会見に臨んだ能見篤史の表情は晴れやかだった。コーチ兼任という肩書には、少なからず驚きを覚えたものの「選手として、まずしっかりやってほしい、と言われています」との言葉に安堵した。「行くところがなかった状況で、オリックスさんが声をかけてくれた。ならば、ここで今一度、輝けるチャンスがある」と開口一番が感謝の言葉であったところが、能見らしいものだった。

戦力構想外。それは、かつて"タテジマ"の

エースを張った能見に突きつけられた厳しい現実だった。若手投手の台頭が著しい環境下で、ベテラン投手がチーム内での居場所を失うという事例は決して珍しいことではない。ただ、その対象のひとりが、能見だったということに違和感を覚えた者は少なくなかったはずだ。

そんな折、実績十分の左腕に手を差し伸べたのが、オリックスだった。いや、この表現は適切ではない。オリックスが欲する戦力として能見の獲得を決めた、という方が、正しい表現だろう。こうして"オリックス・能見篤史"が誕生した。

その一方で、指導者としての期待もある。昨

ことを想定して投げました。実戦ではそのようなシチュエーションの方が多いでしょうから。投げる瞬間、リリースの部分では、ワインドアップもセットポジションも同じなんですが、セットからいい形にしっかりもっていけるように投げました。みんなを引っ張る？そんな意図はないですよ。自主トレから、しっかり体をつくってきたので、初日からしっかり投げられました」。目的意識をしっかりと持ちながらのブルペンでの連投であり、自身の状態を確かめながらの投球であった。

第2クールのブルペンでは、両腕を目一杯に伸ばし、躍動感あふれるワインドアップの投球フォームへと変わっていた。そして第3クールの最終日、能見はフリー打撃登板を終えた直後、ブルペンに入って計102球を投げ込んだ。今村文昭スコアラーは「このキャンプで一番ブルペンでの球数が多いのは能見投手です」と証言する。「昨年並み（1400球）は投げようかと思っていたのですが、少し少なくなるかぁ」とはキャンプ折り返し時点での能見の言葉。ベテランの元気な姿に、若手が触発されないはずはない。

率先垂範～能見流の教え～

キャンプ地である清武総合運動公園の多目的グラウンドには、投手陣のトレーニング場がある。そこでの投手陣のランニング風景に目をやると、集団の先頭を切って走る能見の姿があった。

若手投手たちをリードする姿に、彼の年齢は見えてこない。若々しくも力強い走りに誰もが驚きを隠さない。ルーキーの阿部翔太は「能見さん、なんであんなに速いんですか！」とベテランの走りを目で追いながら呟けば、山本由伸は「さすが、実力者！」と舌を巻いた。「実は、走ったあとが大変でした。走る本数自体は若干の免除はあるのですが、タイム走はダメ。競争意識を煽られると走ってしまうんです」と能見は照れくさそうに笑ったが、そこには、先輩選手として、あるいはコーチとして、自らの行動で示しておこうという意識があったに違いない。

この身のこなしに心酔したのは、チームの若きエース・山本だった。「能見さんとキャッチボールをご一緒させていただいたのですが、ボールの力がすごい。これが、長年プロ野球の世界で活躍されてきた方のボールなのだと思いました。何と言ってもボールも、体の動きもキレイなんです。あと、技術面でもいろいろお話をさせていただきました」と、経験に裏打ちされた"教え"に耳を傾けた。

「チームの雰囲気にはすぐ慣れましたが、最初はみんな、どこか僕に遠慮しているみたいなところはありましたね。ただ、何人かは、いろいろ僕に意見を求めたりしてくれて、そこは自分なりの考えを伝えましたね」

チーム最年長投手、兼任コーチの言葉は、若いチームに響いている。その影響力は、日に日に高まっていく。

新天地での戦力になるために

キャンプ期間中は"能見流"のスタイルで投げ込みを行った。周囲からの「疲れはないか？」の問いには、「キャンプは、（自分を）疲れさせるためのもの」と一笑に付す。先発か、中継ぎか。任されるポジションは不透明ではあるものの、能見本人は「そこは、チームの方針ですからね。ただ、先発でも投げられるように調整は続けてきました」と、どのポジションにも対応する自信をのぞかせた。それもそのはず。2018年シーズン途中に中継ぎに転向するまでは、先発ローテを守り続けてきたのだから。

自信もあれば自負もある。つまり"Pride"。新天地での勝利がかなえば、2009年から13年連続での勝ち星を手に入れることになる。その勲章はこの先、彼の野球人生をさらに豊かなものにするだろう。

「肩もひじも痛くない。体はいたって元気。（野球を）辞める選択肢はなかった。もう一度輝くために」――。

能見篤史にとって新たなる17年目のシーズンが、始まろうしている。

2021 B's cLuB

ORIX BUFFALOES OFFICIAL FAN CLUB

入会受付中！

2021年度の会員種別はこちら

エクストラ ~~プレミアムメンバー~~ 受付終了しました!!

EXTRA PREMIUM Member

合計500名様限定

※年会費には入会記念品の送料を含んでおります。

Aコース 年会費 **100,000**円(税込)	Aコース入会記念品(2アイテムセット) オリジナルユニフォーム or ポイント / オリジナルタオルセット	
Bコース 年会費 **150,000**円(税込)	Bコース入会記念品(4アイテムセット) オリジナルユニフォーム or ポイント / オリジナルタオルセット / オリジナルTシャツ / オリジナル2WAYバッグ	

※詳しくは球団公式ホームページにてご確認ください。

来場ポイント	100 ポイント
チケット購入ポイント付与率	5 %
グッズ購入ポイント付与率	3 %
会員証選択	アプリのみ

2021年から Bp ポイント換算が変わります!!

2021年より
ポイントプログラムの付与ポイント数は下がりますが、併せてポイント交換商品のポイント数も下がりますのでご安心ください。
ポイントを貯めてオリジナル商品と交換しましょう!

例えば

2020年 レギュラー会員来場ポイント 200pt	→	2021年 レギュラー会員来場ポイント 40pt

2020年 京セラドーム大阪 商品券(500円) ポイント交換商品 2,500pt	→	2021年 京セラドーム大阪 商品券(500円) ポイント交換商品 500pt(予定)

※すべての商品が同率のポイント数に変更とはなりません。
※上記はあくまでも一例のため、商品によってポイント換算率が変更となります。

プラチナ会員 PLATINUM Member （インターネット入会限定！）

※年会費には入会記念品の送料を含んでおります。

Aコース 年会費 **31,000**円(税込)	Bコース 年会費 **35,000**円(税込)	Cコース 年会費 **42,000**円(税込)	Dコース 年会費 **46,000**円(税込)
①入会記念品(2アイテムセット) オリジナルユニフォーム or ポイント / オリジナルタオルセット	①入会記念品(3アイテムセット) オリジナルユニフォーム or ポイント / オリジナルタオルセット / オリジナルTシャツ	①入会記念品(3アイテムセット) オリジナルユニフォーム or ポイント / オリジナルタオルセット / オリジナル2WAYバッグ	①入会記念品(4アイテムセット) オリジナルユニフォーム or ポイント / オリジナルタオルセット / オリジナルTシャツ / オリジナル2WAYバッグ

来場ポイント	75 ポイント
チケット購入ポイント付与率	4 %
グッズ購入ポイント付与率	2 %
会員証選択	アプリのみ

②指定席引換券8枚
③第2次前売券先行ランク
④オンラインクーポン[500円] 2枚
⑤入会記念カード1枚

※入会には「オリックス・バファローズ公式アプリ」をインストールすることが必須となります。アプリをダウンロードできない方は入会いただけません。(カード会員証発行はできません)

ゴールド会員 GOLD Member

※年会費には入会記念品の送料を含んでおります。

Aコース 年会費 **12,000**円(税込)	Bコース 年会費 **13,000**円(税込)（インターネット入会限定！）	Cコース 年会費 **20,000**円(税込)	Dコース 年会費 **27,000**円(税込)（インターネット入会限定！）
①入会記念品(2アイテムセット) オリジナルユニフォーム or ポイント / オリジナルタオルセット	①入会記念品(2アイテムセット) オリジナルユニフォーム or ポイント / オリジナルTシャツ	①入会記念品(2アイテムセット) オリジナルユニフォーム or ポイント / オリジナル2WAYバッグ	①入会記念品(4アイテムセット) オリジナルユニフォーム or ポイント / オリジナルタオルセット / オリジナルTシャツ / オリジナル2WAYバッグ

来場ポイント	50 ポイント
チケット購入ポイント付与率	4 %
グッズ購入ポイント付与率	2 %
会員証選択	・アプリ ・カード

②指定席引換券2枚
③第3次前売券先行ランク(アプリ会員) 第4次前売券先行ランク(カード会員)
④オンラインクーポン[500円] 2枚(アプリ会員のみ)

レギュラー会員 REGULAR Member

※年会費には入会記念品の送料を含んでおります。

年会費 **4,000**円(税込)

①入会記念品 オリジナルユニフォーム or ポイント

来場ポイント	40 ポイント
チケット購入ポイント付与率	3 %
グッズ購入ポイント付与率	2 %
会員証選択	・アプリ ・カード

②内野・外野指定席引換券1枚
③第5次前売券先行ランク(アプリ会員) 第6次前売券先行ランク(カード会員)
④オンラインクーポン[500円]1枚(アプリ会員のみ)

ジュニア会員 JUNIOR Member

※年会費には入会記念品の送料を含んでおります。

年会費 **1,500**円(税込)

①入会記念品 オリジナルプラクティスTシャツ or オリジナルバスタオル

来場ポイント	40 ポイント
チケット購入ポイント付与率	3 %
グッズ購入ポイント付与率	2 %
会員証選択	カードのみ

②内野・外野指定席引換券(こども)3枚
③第6次前売券先行ランク

スタジアム会員 STADIUM Member

来場ポイント	チケット購入ポイント付与率	グッズ購入ポイント付与率	会員証選択
20 ポイント	2 %	2 %	アプリのみ

Aコース 年会費 **2,400**円(税込)	Bコース 年会費 **1,500**円(税込)	Cコース 年会費 **4,000**円(税込)
①入会記念品 内野・外野指定席引換券1枚	①入会記念品 外野指定席引換券1枚	①入会記念品 指定席引換券1枚

※前売券先行ランクの対象とはなりません。一般販売よりチケット購入できます。
※入会には「オリックス・バファローズ公式アプリ」をインストールすることが必須となります。アプリをダウンロードできない方は入会いただけません。(カード会員証発行はできません)
※スタジアム会員は2021年3月以降、インターネットまたは京セラドーム大阪・ほっともっとフィールド神戸(オリックス主催1軍試合開催時・開催球場のみ)の球団ファンクラブ受付でのみ入会を受付する予定です。

Bsわんにゃんクラブ BsわんにゃんClub

年会費 **2,500**円(税込)

入会記念品 オリジナルドッグウェア or 2021オリジナルタオル

※詳しくは球団公式ホームページにてご確認ください。 ※オリジナルドッグウェアは2020年度と同じデザインとなります。

入会記念チケットについて

【指定席引換券】事前に指定席券に引き換えてご利用ください。
京セラドーム大阪:S指定席以下(予定)、ほっともっとフィールド神戸:ネット裏指定席以下(予定)(2020年11月現在の座席名称)

【内野・外野指定席引換券】事前に指定席券に引き換えてご利用ください。
京セラドーム大阪:B指定席以下(予定)、ほっともっとフィールド神戸:2階C指定席以下(予定)(2020年11月現在の座席名称)

注意事項
※前売券先行購入期間中の引き換え、事前予約はできません。
※引き換え方法については決定次第球団公式ホームページ等でお知らせします。
※一部対象外となる商品がございます。
※上記引換券は公式戦開幕からレギュラーシーズン終了までのオリックス主催1軍試合でご利用いただけます。
(オープン戦、セ・パ交流戦、地方主催試合、地方振替試合、クライマックスシリーズ、日本シリーズは除く)
※2020年度の入会記念チケットも公式戦開幕からレギュラーシーズン終了までのオリックス主催1軍試合でご利用ください。

B×デサント オリジナルコラボ2WAYバッグ ●SIZE: W30×H50×D15cm 25L

| エクストラB | プラチナC・D | ゴールドC・D |

インターネット入会限定！

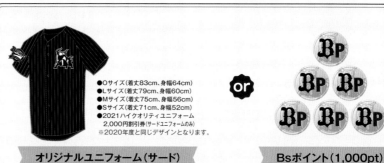

※サイズ詳細については球団公式ホームページをご確認ください。

B×デサント オリジナルコラボTシャツ

| エクストラB |
| プラチナB・D |
| ゴールドB・D |

●今治バスタオル [W120×H60cm] [ネイビー]
●マフラータオル [W110×H20cm] の2点セット

2021オリジナルタオルセット

| エクストラA・B |
| プラチナA・B・C・D |
| ゴールドA・D |

●Oサイズ（着丈83cm、身幅64cm）
●Lサイズ（着丈79cm、身幅60cm）
●Mサイズ（着丈75cm、身幅56cm）
●Sサイズ（着丈71cm、身幅52cm）
●2021ハイクオリティユニフォーム 2,000円割引券（サードユニフォームのみ）
※2020年度と同じデザインとなります。

オリジナルユニフォーム（サード）   or   **Bsポイント（1,000pt）**

| エクストラA・B | プラチナA・B・C・D | ゴールドA・B・C・D | レギュラー |

※どちらか1つのアイテム選択となります。

ジュニア会員
※ジュニア会員は
どちらか1つのアイテム選択となります。

オリジナルバスタオル   or   **オリジナルプラクティスTシャツ**

●サイズ[W120×H60cm]

●こどもLサイズ（着丈62cm、身幅50cm）
●こどもSサイズ（着丈52cm、身幅43cm）
※オリジナルプラクティスTシャツは2020年度と同じデザインとなります。

※画像はイメージのため、デザイン・サイズ等が変更となる場合がございます。
※入会記念品は翌年以降、ポイント交換や企画チケット、キャンペーン企画など他の企画でも利用する場合がございます。

お申込み方法

インターネット

| 受付期間 | 2020年12月11日 午前10時 ～2021年8月31日（予定） |

球団公式ホームページからお申し込みいただけます。
★パソコン https://www.buffaloes.co.jp
★スマートフォン https://sp.buffaloes.co.jp/

| オリックス・バファローズ | 検索 |

球場 ●京セラドーム大阪 ●ほっともっとフィールド神戸

| 受付期間 | 2021年3月上旬 ～2021年8月31日（予定） |

各球場の「ファンクラブ受付」にて、申込書にご記入のうえ、年会費を添えてお申込みください。
※京セラドーム大阪・ほっともっとフィールド神戸でのオリックス主催オープン戦及び
　1軍公式戦開催日開催球場のみ。

直営店 ●Bs SHOP ●B-WAVE

| 受付期間 | 2020年12月11日 午前11時 ～2021年8月31日（予定） |

※京セラドーム大阪でのオリックス主催オープン戦及び1軍公式戦試合日は
　Bs SHOPでは受付しておりません。左下記載の球場受付へお越しください。

バファローズ直営店店頭にて、
申込書にご記入のうえ、年会費を添えてお申込みください。

※郵便局（振込取扱票）での入会受付は廃止となりました。

受付期間については変更になる場合がございます。予定数に達した場合、受付期間中であっても受付を終了する場合がございます。

入会キャンペーン一覧 <small>※無料会員は以下すべてのキャンペーンの対象外となります。</small>

アプリ会員限定　入会ボーナスポイント

★早く入会するとポイントが多くなる!（2021年3月下旬頃付与予定）

入会日	エクストラA	エクストラB	プラチナ	ゴールド	レギュラー
募集開始～12月25日	1,000pt	2,000pt	400pt	300pt	100pt
12月26日～1月15日	-	-	200pt	150pt	50pt
1月16日～2月14日	-	-	100pt	75pt	25pt
2月15日～	-	-	0pt	0pt	0pt

プラチナ会員C・Dコース　ゴールド会員C・Dコース　限定 2WAYバッグ選択キャンペーン

★12月25日までに入会した上記対象会員の中から抽選で100名様に直筆サイン色紙プレゼント

アプリ会員限定　BsCLUBオリジナルクリアファイルプレゼント

★12月31日までの入会でBsCLUBオリジナルクリアファイル1枚をプレゼント（入会記念品と同送）

会員種別	エクストラ	プラチナ	ゴールド	レギュラー	ジュニア	スタジアム
対象	○	○	○	×	×	×

全会員対象（スタジアム除く）　ネームプレート掲出

★1月31日までの入会でドーム内にネームプレートを掲出（3年以上継続入会している希望者のみ）

アプリ会員限定　直筆サイン色紙プレゼント

★1月31日までに入会したアプリ会員の中から抽選で10名様に直筆サイン色紙プレゼント

全会員対象　継続入会ポイント

★6月30日までの入会で継続入会ポイント付与

会員種別	2年目	3年目	4～9年目	10年目～
ポイント数	50pt	100pt	200pt	400pt

インターネット入会ジュニア会員限定　直筆サイングッズプレゼント

★2月28日までにインターネット入会したジュニア会員の中から抽選で50名様に直筆サイングッズプレゼント

入会キャンペーンスケジュール

	12月25日	12月31日	1月15日	1月31日	2月14日	2月28日	6月30日
アプリ会員入会ボーナスポイント							
2WAYバッグ選択キャンペーン							
アプリ会員限定BsCLUBオリジナルクリアファイルプレゼント							
アプリ会員入会ボーナスポイント							
ネームプレート掲出							
アプリ会員限定直筆サイン色紙プレゼント（抽選）							
アプリ会員入会ボーナスポイント							
インターネット入会ジュニア会員限定サイングッズプレゼント							

※「アプリ会員入会ボーナスポイント」は入会時期により定められたポイントが1度のみ付与されます。

アプリ会員証
APP MEMBERSHIP CARD

選択が **お得！便利！**

アプリ会員証イメージ

カード会員証イメージ

！ 入会時に
「アプリ会員証」か「カード会員証」のどちらかを選択いただく必要があります。

※エクストラプレミアムメンバー・プラチナ会員・スタジアム会員・無料会員はアプリ会員証となります。
※ジュニア会員はカード会員証となります。

アプリ会員証を選択するとこれだけ **お得！**

1 ゴールド会員・レギュラー会員は 前売券先行ランクがアップ！

第1次	エクストラプレミアムメンバー
第2次	プラチナ会員
第3次	ゴールド会員（アプリ会員）
第4次	ゴールド会員（カード会員）
第5次	レギュラー会員（アプリ会員）
第6次	レギュラー会員（カード会員） / ジュニア会員
一般販売	スタジアム会員 / 無料会員

UP!

2 割引クーポンやプレゼントクーポンなどを配信！

★2020年度は「ビール50円引クーポン」や「ピンバッジプレゼントクーポン」などを配信しました！

※特定の会員のみにクーポン配信する場合がございます。

BsCLUBオリジナルピンバッジ（中川選手）引換クーポン

SAMPLE

3 アプリ会員はオンラインショップクーポンつき！

エクストラプレミアムメンバー プラチナ会員 ゴールド会員	レギュラー会員
1,000円分	500円分

※ジュニア会員・スタジアム会員・Bsわんにゃんクラブ会員・無料会員を除く。

COUPON

4 来場ボーナスポイントあり！ アプリ会員限定「アプリ会員デー」開催！

★2020年度はアプリ会員限定選手オンラインサイン会（抽選）や来場ポイント2倍デーを実施しました！

他にも入会キャンペーン盛りだくさん！

※詳細はP31「入会キャンペーン一覧」をご確認ください。

アプリ会員証を選択するとこれだけ **便利！**

1 入会後、すぐに会員証が使える！

※2021年度アプリ会員証は2021年2月以降に表示する予定です。

2 入会記念チケットもファンクラブガイドもアプリにオールインワン！

※入会記念チケットやファンクラブガイドは配送ではなくアプリ表示となります（入会記念品以外の配送はございません）。

3 来場ポイントを無人受付場所でスムーズに登録できる！

京セラドーム大阪は5ヶ所程度、ほっともっとフィールド神戸は3ヶ所程度を予定

※来場ポイント登録時の通信には別途通信料がかかり、お客様のご負担となります。
※登録方法など詳細は後日、球団公式ホームページ等でお知らせします。

アプリ会員証 選択可能入会場所

事前応送・抽選制 **受付終了しました！！**

インターネット入会 または 球場入会
スタジアム会員

インターネット入会のみ	
プラチナ会員	ゴールド会員
レギュラー会員	無料会員

アプリ会員証注意事項

※アプリとは「オリックス・バファローズ公式アプリ」のことを指します。アプリ会員証を選択するには「オリックス・バファローズ公式アプリ」をインストールいただく必要があります。

※アプリ会員とは「アプリ会員証」を選択された会員のことをいいます。

※アプリ会員証とカード会員証の両方を所持・利用することはできず、例えばカード会員証をご選択の場合はアプリ会員証をご利用いただけません。

※入会後にカード会員証からアプリ会員証に変更した場合は、オンラインショップクーポン配信とアプリ会員限定各入会キャンペーンの対象外となります。

※プラチナ会員およびゴールド会員・レギュラー会員でアプリ会員証選択ご希望の場合、インターネット入会のみとなりますのでクレジット決済またはコンビニ決済のどちらかとなります。

※スタジアム会員の年会費支払方法はインターネット入会の場合クレジット決済またはコンビニ決済のどちらか、球場入会の場合クレジット決済または現金払いのどちらかとなります。

Bs 選手名鑑 2021

PERFECT REGISTER

投　手		捕　手		内野手		外野手		新入団選手	
11	山﨑 福也	2	若月 健矢	0	勝俣 翔貴	1	スティーブン・モヤ	16	平野 佳寿
13	宮城 大弥	23	伏見 寅威	3	安達 了一	6	宗 佑磨	26	能見 篤史
14	吉田 一将	33	松井 雅人	4	福田 周平	8	後藤 駿太	69	ステフェン・ロメロ
15	荒西 祐大	44	頓宮 裕真	5	西野 真弘	10	アダム・ジョーンズ	127	田城 飛翔
17	増井 浩俊	123	稲富 宏樹	9	大城 滉二	25	西村 凌	12	山下 舜平大
18	山本 由伸	130	フェリペ	24	紅林 弘太郎	34	吉田 正尚	27	元 謙太
19	山岡 泰輔	005	鶴見 凌也	31	太田 椋	41	佐野 皓大	38	来田 涼斗
21	竹安 大知			36	山足 達也	50	小田 裕也	37	中川 颯
22	村西 良太			40	大下 誠一郎	55	T-岡田	62	中川 拓真
28	富山 凌雅			53	宜保 翔	99	杉本 裕太郎	45	阿部 翔太
29	田嶋 大樹			64	廣澤 伸哉	125	西浦 颯大	011	川瀬 堅斗
30	K-鈴木			67	中川 圭太	004	平野 大和	012	辻垣 高良
32	ブランドン・ディクソン			120	岡﨑 大輔	007	佐藤 優悟	013	宇田川 優希
35	比嘉 幹貴							014	釣 寿生
39	飯田 優也							015	佐野 如一
43	前 佑囲斗							016	古長 拓
46	本田 仁海								
47	海田 智行								
48	齋藤 綱記								
49	澤田 圭佑								
52	タイラー・ヒギンス								
54	黒木 優太								
57	山田 修義								
58	金田 和之								
61	榊原 翼								
63	山﨑 颯一郎								
65	漆原 大晟								
66	吉田 凌								
68	鈴木 優								
95	神戸 文也								
98	張 奕								
124	近藤 大亮								
128	東 晃平								
001	佐藤 一磨								
002	谷岡 楓太								
003	中田 惟斗								
008	松山 真之								

Q&A の見方　⑴俺のココを見てくれ　⑵俺をこう呼んでくれ　⑶俺は○○オタク　⑷俺のアウトな一面　⑸俺のちょっとした自慢　⑹俺の大好物
⑺俺のラッキーカラー　⑻俺のお気に入りミュージシャン　⑼俺の理想のオリ姫　⑽俺のポリシー　⑾俺が野球を始めたのは　⑿俺の
ちょっとした贅沢　⒀俺を動物に例えると　⒁古来のプロ野球選手にひとこと　⒂俺の今シーズンの目標・公約はコレ

MANAGER & COACHING LIST

78 監督

NAKAJIMA SATOSHI

中嶋 聡

1969年3月27日(52歳)
182cm・84kg／秋田県／右投右打

経歴	鷹巣農林高-阪急・オリックス(ドラフト3位・87～97)-西武(98～02)-横浜(03)-日本ハム(04～15引退)/07～15は兼任コーチ)-日本ハム(18)-オリックス(19～)
主なタイトル・記録・表彰	ベストナイン＜捕手＞(95) ゴールデングラブ賞＜捕手＞(89) [日]最多実働年数 29([パ]28) [パ]捕手・シーズン最高守備率1.000(06)

89 二軍監督

KOBAYASHI HIROSHI

小林 宏

1970年11月30日(51歳)
183cm・83kg／広島県／右投右打

経歴	崇徳高-広島経済大-オリックス(ドラフト1位・93～04)-楽天(05引退)-オリックス(09～14、16～)

88 ヘッドコーチ

MIZUMOTO KATSUMI

水本 勝己

1968年10月1日(53歳)
180cm・102kg／岡山県／右投右打

経歴	倉敷工高-松下電器-広島(ドラフト外・90～91引退)-広島(07～20)-オリックス(21～)

巡回ヘッドコーチ

NAKAGAKI SEIICHIRO

中垣 征一郎

1970年1月18日(51歳)
176cm・71kg／東京都

経歴	狛江高-筑波大／【コーチ歴】日本ハム(13～16)-オリックス(20～)

83 野手総合兼打撃コーチ

KOYANO EIICHI

小谷野 栄一

1980年10月10日(41歳)
177cm・88kg／東京都／右投右打

経歴	創価高-創価大-日本ハム(ドラフト5巡目・03～14)-オリックス(15～18引退)-楽天(19)-オリックス(20～)
主なタイトル・記録・表彰	打点王(10) ベストナイン＜三塁手＞(10) ゴールデングラブ賞＜三塁手＞(09、10、12)

90 育成統括コーチ

BEPPU SHUSAKU

別府 修作

1963年8月14日(58歳)
177cm・80kg／鹿児島県／右投右打

経歴	鹿屋商高-阪急・オリックス(ドラフト外・82～89引退)-オリックス(97～04、07～)

73 投手コーチ

TAKAYAMA IKUO

高山 郁夫

1962年9月8日(59歳)
189cm・97kg／秋田県／右投右打

経歴	秋田商高-プリンスホテル-西武(ドラフト3位・85～90)-広島(91～94)-ダイエー(95～96引退)-ソフトバンク(06～13)-オリックス(14～15)-中日(16～17)-オリックス(18～)

26 投手コーチ(選手兼任)

NOHMI ATSUSHI

能見 篤史

1979年5月28日(42歳)
180cm・74kg／兵庫県／左投左打

経歴	鳥取城北高-大阪ガス-阪神(04自由枠・05～20)-オリックス(21～)
主なタイトル・記録・表彰	最多奪三振(12)

71 投手コーチ

KISHIDA MAMORU

岸田 護

1981年5月10日(40歳)
180cm・78kg／大阪府／右投右打

経歴	履正社高-東北福祉大-NTT西日本-オリックス(大社ドラフト3巡目・06～19引退)-オリックス(20～)

82 投手コーチ

IRIKI YUSAKU

入来 祐作

1972年8月13日(49歳)
174cm・80kg／宮崎県／右投右打

経歴	PL学園高-亜細亜大-本田技研-巨人(ドラフト1位・97～03)-日本ハム(04～05)-米マイナー(06～07)-横浜(08引退)-ソフトバンク(15～19)-オリックス(21～)
主なタイトル・記録・表彰	最高勝率(01)

77 打撃コーチ

SOYOGI EISHIN

梵 英心

1980年10月11日(41歳)
173cm・76kg／広島県／右投右打

経歴	三次高-駒澤大-日産自動車-広島(大社ドラフト3巡目・06～17)-エイジェック(18～19引退)-オリックス(21～)
主なタイトル・記録・表彰	新人王(06) ゴールデングラブ賞＜遊撃手＞(10) 盗塁王(10)

79 打撃コーチ
TSUJI RYUTARO
辻 竜太郎
1976年6月8日（45歳）
180cm・78kg／大阪府／右投左打
経歴 松商学園高-明治大-ヤマハ-オリックス（ドラフト8巡目・02～04）-楽天（05～07）-BCL・信濃（08～14引退）-オリックス（15～）

70 打撃コーチ
MATSUI YUSUKE
松井 佑介
1987年7月10日（34歳）
185cm・87kg／大阪府／右投右打
経歴 大阪商業大堺高-東京農業大-中日（ドラフト4巡目・10～19）-オリックス（19～20引退）-オリックス（21～）

80 打撃コーチ
KOJIMA SHUHEI
小島 脩平
1987年6月5日（34歳）
177cm・78kg／群馬県／右投左打
経歴 桐生第一高-東洋大-住友金属鹿島-オリックス（ドラフト7巡目・12～20引退）-オリックス（21～）

76 内野守備・走塁コーチ
KAZAOKA NAOYUKI
風岡 尚幸
1968年1月24日（53歳）
176cm・71kg／愛知県／右投右打
経歴 中部大春日丘高-阪急・オリックス（ドラフト6位・86～97）-阪神（98～00引退）-阪神（01～04）-中日（05～10）-阪神（11～15）-オリックス（16～）

85 内野守備・走塁コーチ
TAKAGUCHI TAKAYUKI
高口 隆行
1983年8月23日（38歳）
180cm・83kg／東京都／右投右打
経歴 創価高-創価大学-日本ハム（大社ドラフト6巡目・06～10）-ロッテ（11）-巨人（12～13引退）-オリックス（20～）

81 外野守備・走塁コーチ
TAGUCHI SO
田口 壮
1969年7月2日（52歳）
177cm・75kg／兵庫県／右投右打
経歴 西宮北高-関西学院大-オリックス（ドラフト1位・92～01）-カージナルス（02～07）-フィリーズ（08）-カブス（09）-オリックス（10～11引退）-オリックス（11～）
主なタイトル・記録・表彰 ベストナイン＜外野手＞（96）ゴールデングラブ賞＜外野手＞（95,96,97,00,01）

75 外野守備・走塁コーチ
SATAKE MANABU
佐竹 学
1974年10月27日（47歳）
178cm・78kg／北海道／右投右打
経歴 東海大付属第四高-東海大-オリックス（ドラフト4位・97～04）-楽天（05～06引退）-楽天（07～09）-オリックス（11～）

87 バッテリーコーチ
SAITOH TOSHIO
齋藤 俊雄
1983年12月23日（38歳）
180cm・85kg／愛知県／右投右打
経歴 豊田大谷高-三菱自動車岡崎-横浜（ドラフト10巡目・05～09）-ロッテ（10）-オリックス（11～16引退）-オリックス（18～）

74 バッテリーコーチ
YAMAZAKI KATSUKI
山崎 勝己
1982年8月16日（39歳）
180cm・88kg／兵庫県／右投右打
経歴 報徳学園高-ダイエー・ソフトバンク（ドラフト4位・01～13）-オリックス（14～20引退）-オリックス（21～）

72 育成コーチ
HIRAI MASAFUMI
平井 正史
1975年4月21日（46歳）
183cm・92kg／愛媛県／右投右打
経歴 宇和島東高-オリックス（ドラフト1位・94～02）-中日（03～12）-オリックス（13～14引退）-オリックス（15～）
主なタイトル・記録・表彰 最高勝率（95）最優秀救援投手（95）新人王（95）カムバック賞（03）

86 育成コーチ
YOSHIDA SHINTARO
由田 慎太郎
1981年7月20日（40歳）
175cm・75kg／石川県／左投左打
経歴 桐蔭学園高-早稲田大-オリックス（ドラフト8巡目・04～12引退）-オリックス（20～）

84 育成コーチ
SUZUKI KOHEI
鈴木 昂平
1991年6月20日（30歳）
175cm・77kg／東京都／右投右打
経歴 東海大菅生高-東海大-三菱重工名古屋-オリックス（ドラフト7巡目・16～19引退）-オリックス（20～）

91 ブルペン担当補佐
IIDA DAISUKE
飯田 大祐
1990年9月19日（31歳）
181cm・85kg／茨城県／右投右打
経歴 常総学院高-中央大-Honda鈴鹿-オリックス（ドラフト7巡目・17～20引退）-オリックス（21～）

メンタルコーチ
SAKAI TSUTOMU
酒井 勉
1963年6月27日（58歳）
181cm・74kg／千葉県／右投右打
経歴 東海大付属浦安高-東海大-日立製作所-オリックス（ドラフト1位・89～96引退）-オリックス（01～03,08～10）-楽天（12～15）-オリックス（16～）
主なタイトル・記録・表彰 新人王（89）

35

11
山﨑 福也

1992年9月9日（29歳）／188cm・95kg／B型／左投左打／7年目／
埼玉県／日本大学第三高-明治大-オリックス（ドラフト1巡目・15〜）

［初登板］2015.3.29（西武プリンス）対西武3回戦　先発（2回1/3）
［初勝利］2015.6.5（ナゴヤドーム）対中日1回戦　先発（5回0/3）
［初完封］2017.7.10（京セラドーム大阪）対日本ハム12回戦

目指すはローテ定着と2桁勝利

　昨季の5勝はキャリアハイの数字。もとより先発志向が強く、そこで残せた結果は彼本人の大きな自信になったことは間違いない。ただ、「シーズン後半にもっと投げられていれば」と、悔しさも口にした。2年前から身体の強化を目論んで始めたトレーニングが着実に実を結びつつある。体は確実に大きくなり力感も増した。今季は、そんな強さに柔軟性を高めたいと意欲をみせる。首脳陣からの期待も大きく、今季はシーズンを通してローテーションに定着したい。自信をもって臨む7年目のシーズン。ここは一気に2桁勝利を目指してほしい。

■ 公式戦個人年度別成績

年度	所属球団	試合	勝利	敗戦	セーブ	投球回数	自責点	防御率
2015	オリックス	17	3	6	0	57 2/3	29	4.53
2016	オリックス	17	3	2	0	61 1/3	25	3.67
2017	オリックス	15	2	5	0	45	22	4.40
2018	オリックス	7	0	1	0	17 2/3	9	4.58
2019	オリックス	36	2	3	0	54	27	4.50
2020	オリックス	15	5	5	0	84	42	4.50
通算	6年	107	15	22	0	319 2/3	154	4.34

■ 二軍公式戦個人年度別成績

年度	所属球団	試合	勝利	敗戦	セーブ	投球回数	自責点	防御率
2015	オリックス	10	2	4	0	56 1/3	17	2.72
2016	オリックス	6	1	2	0	36	11	2.75
2017	オリックス	11	3	5	0	48 2/3	21	3.88
2018	オリックス	12	1	5	0	59 1/3	22	3.34
2019	オリックス	3	0	0	0	11	1	0.82
2020	オリックス	4	2	1	0	20 2/3	2	0.87
通算	6年	46	9	17	0	232	74	2.87

これからもよろしくお願いします

Q&A　Yamasaki Sachiya

①投球 ②名前 ④ミミズが苦手 ⑤寝る ⑦赤 ⑨かわいい人 ⑪小学2年生 ⑫焼肉を食べる ⑬カワウソ ⑭頑張れ!! ⑮2桁勝利

13
宮城 大弥

2001年8月25日（20歳）／171cm・80kg／A型／左投左打
2年目／沖縄県／興南高-オリックス（ドラフト1巡目・20～）

[初登板] 2020.10.4（京セラドーム大阪）対楽天18回戦 先発（5回）
[初勝利] 2020.11.6（京セラドーム大阪）対日本ハム24回戦 先発（5回）

輝きを放ち始めた原石、一軍定着へ

ファームでの最多勝、一軍でのプロ初勝利など、上々のスタートを切れたルーキーイヤーだった。「一軍での勝ちが自信になった」と手応えも。ただ、そこで感じたことは制球力の大切さ。長いイニングを投げるためにも、絶対に必要なのは制球力」と課題を挙げる。期待の原石の輝きは増すばかり。2年目は一軍定着を目指す！

公式戦個人年度別成績

年度	所属球団	試合	勝利	敗戦	セーブ	投球回数	自責点	防御率
20	オリックス	3	1	1	0	16	7	3.94
通算	1年	3	1	1	0	16	7	3.94

二軍公式戦個人年度別成績

年度	所属球団	試合	勝利	敗戦	セーブ	投球回数	自責点	防御率
20	オリックス	13	6	2	0	59 2/3	18	2.72
通算	1年	13	6	2	0	59 2/3	18	2.72

一生百錬

応援してくれてありがとうございます

Q&A Miyagi Hiroya

①インコースのまっすぐ②みやぎ③YouTube④虫が苦手⑤猫⑥意外と器用⑦青、ピンク⑧ベリーグッドマン⑨有村架純⑩掃除をする⑪4歳⑫頑張った日はアイス⑬猿⑭ケガせず頑張りましょう⑮一軍でたくさん投げる

14
吉田 一将

1989年9月24日（32歳）／191cm・96kg／A型／右投左打
8年目／奈良県／青森山田高-日本大-JR東日本-オリックス（ドラフト1巡目・14～）

[初登板] 2014.4.6（京セラドーム大阪）対西武3回戦 先発（4回2/3）
[初勝利] 2014.4.20（西武ドーム）対西武6回戦 先発（5回2/3）
[初完封] 2017.9.29（ZOZOマリン）対ロッテ24回戦
[初セーブ] 2016.4.19（東京ドーム）対楽天3回戦

投手陣のけん引役としても期待

昨季は中継ぎのみならず、ショートスターターやロングリリーフ（4イニングセーブを含む）など、複数の役割を任された。ただ、彼のポテンシャルを考えれば、それら内容が十分とはいいがたい。本人も「まだまだやれる。納得していない。中継ぎなら50試合以上の登板」と、意欲を示す。投手陣のけん引役としての期待は大きい。

今シーズンは京セラドームを満員にできるように頑張ります!!

Q&A Yoshida Kazumasa

①臀筋②ラクダ③マンガ④ど忘れが多い⑤柴犬⑥首が長い⑦緑⑧椎名林檎⑩ソックスは左足から履く⑪小学2年生⑬ラクダ⑭あきらめるな!!⑮キャリアハイ

公式戦個人年度別成績

年度	所属球団	試合	勝利	敗戦	セーブ	投球回数	自責点	防御率
2014	オリックス	15	5	6	0	75 2/3	32	3.81
2015	オリックス	14	1	2	0	42 2/3	25	5.27
2016	オリックス	54	5	2	1	50 2/3	15	2.66
2017	オリックス	29	2	1	0	43	13	2.72
2018	オリックス	58	3	4	0	56 1/3	24	3.83
2019	オリックス	33	1	1	0	37 2/3	17	4.06
2020	オリックス	23	1	1	1	35 1/3	16	4.08
通算	7年	226	18	20	2	341 1/3	142	3.74

二軍公式戦個人年度別成績

年度	所属球団	試合	勝利	敗戦	セーブ	投球回数	自責点	防御率
2014	オリックス	9	4	2	0	51	16	2.82
2015	オリックス	8	2	2	1	34 2/3	7	1.82
2016	オリックス	3	1	0	0	9	1	1.00
2017	オリックス	13	1	3	0	33 1/3	11	2.97
2018	オリックス	6	2	1	0	17	3	1.59
2019	オリックス	18	3	2	0	33 1/3	11	2.97
2020	オリックス	5	0	0	0	9	2	2.00
通算	7年	62	13	11	2	187 1/3	51	2.45

信念

37

投手　ARANISHI YUDAI

15
荒西 祐大

1992年8月25日（29歳）／178cm・88kg／B型／右投右打／
3年目／熊本県／玉名工高-Honda熊本-オリックス（ドラフト3巡目・19〜）

[初登板] 2019.4.16（京セラドーム大阪）対日本ハム4回戦　9回より救援完了（1回）
[初勝利] 2019.6.22（マツダスタジアム）対広島2回戦　先発（5回1/3）

メンタル強化で勝ちパターン定着を

　2年目は先発陣の一角として期待されたが、結局は中継ぎに落ち着いた。一球が勝負を決する重要なマウンドを数多く経験できたことは大きなプラス材料だ。「自分としてはメンタル面を強化して、より厳しい場面、勝利につながるところを任されたい」と、中継ぎとしての決意を口にする。勝ちパターン定着へ、3年目の勝負に出る。

■ 公式戦個人年度別成績

年度	所属球団	試合	勝利	敗戦	セーブ	投球回数	自責点	防御率
2019	オリックス	13	1	4	0	51 2/3	32	5.57
2020	オリックス	29	0	0	0	31 1/3	17	4.88
通算	2年	42	1	4	0	83	49	5.31

■ 二軍公式戦個人年度別成績

年度	所属球団	試合	勝利	敗戦	セーブ	投球回数	自責点	防御率
2019	オリックス	19	3	4	1	45	13	2.60
2020	オリックス	3	0	0	0	5	0	0.00
通算	2年	22	3	4	1	50	13	2.34

今年もチームのため、ファンのみなさまに感謝の気持ちを忘れずに頑張ります。応援よろしくお願いします

Q&A　Aranishi Yudai

①強気②ゆーだい③時計④朝が苦手⑤子ども⑦紫⑧コブクロ⑨岡崎紗絵⑩ビールで乾杯⑪小学3年生⑫時計を購入⑬ライオン⑭やればできる⑮楽しんで野球をやる

17

増井 浩俊

84年6月26日(37歳)／181cm・77kg／A型／右投右打／12年目／
岡県／静岡高-駒沢大-東芝-日本ハム(ドラフト5巡目・10〜17)-オ
ックス(18〜)

[登板] 2010.4.9(ヤフードーム)対ソフトバンク4回戦　先発(6回)
[勝利] 2010.4.27(札幌ドーム)対オリックス6回戦　先発(7回)
[完封] 2016.9.1(東京ドーム)対楽天19回戦
[セーブ] 2012.5.6(札幌ドーム)対オリックス9回戦

イトル》 最優秀中継ぎ投手(12)
録》〔パ〕シーズン最多ホールド　45(12)
　　　〔パ〕シーズン最多ホールドポイント　50(12)

発再転向で見えた新たな可能性

守護神へのこだわりを捨て、6年ぶりとなった先発転
後に見せたパフォーマンスは素晴らしかった。「先発の
ンドでは、リラックスした中でも強いボールが投げられ
その感覚を今季も大切にしたい」と、心はもうスター
としてのそれだ。「とにかくチームのためになりたい。
ためも、一軍のマウンドでしっかりと投げる」と12年
シーズンを見据えている。常に、チームメイトに配慮
"フォア・ザ・チーム"を貫き通す真摯な人格もまた、
大きな魅力のひとつ。「とにかく、この球団のために
しを!」彼の言葉に嘘はない!

公式戦個人年度別成績

所属球団	試合	勝利	敗戦	セーブ	投球回数	自責点	防御率
日本ハム	13	3	4	0	60	29	4.35
日本ハム	56	0	4	0	53 2/3	11	1.84
日本ハム	73	5	5	7	71 2/3	22	2.76
日本ハム	66	4	4	4	63	26	3.71
日本ハム	56	5	6	23	58	16	2.48
日本ハム	56	0	1	39	60	10	1.50
日本ハム	30	10	3	10	81	22	2.44
日本ハム	52	6	1	27	52 2/3	14	2.39
オリックス	63	2	5	35	65	18	2.49
オリックス	53	1	4	18	50 1/3	27	4.83
オリックス	16	2	2	0	35 2/3	12	3.03
11年	534	38	39	163	651	207	2.86

軍公式戦個人年度別成績

所属球団	試合	勝利	敗戦	セーブ	投球回数	自責点	防御率
日本ハム	6	1	1	0	24 2/3	9	3.28
日本ハム	1	0	0	0	1	0	0.00
日本ハム	7	0	1	0	15	5	3.00
オリックス	2	0	0	0	2	0	0.00
オリックス	10	2	0	1	31	5	1.45
5年	26	3	2	1	73 2/3	19	2.32

優しくしてください
Q&A　　　Masui Hirotoshi

①一生懸命②まっすー③キャンプ④おっちょこちょい⑤釣り
⑥運がいい⑦黄緑⑧マカロニえんぴつ⑨優しい人⑩最後
で諦めない⑪小学4年生⑫露天風呂付き客室に泊まる
③カンガルー⑭継続は力なり⑮必死に取り組む

必死

18

山本 由伸

1998年8月17日（23歳）／178cm・80kg／AB型／右投右打／
5年目／岡山県／都城高-オリックス（ドラフト4巡目・17〜）

［初登板］2017.8.20（京セラドーム大阪）対ロッテ19回戦　先発（5回）
［初勝利］2017.8.31（ZOZOマリン）対ロッテ22回戦　先発（5回）
［初完封］2019.6.28（メットライフ）対西武10回戦
［初セーブ］2018.5.1（京セラドーム大阪）対西武4回戦

≪タイトル≫ 最優秀防御率（19）、最多奪三振（20）

球団の枠を超えた日本球界の至宝に

　22歳にして日本球界を代表する投手にまで成長を遂げたスーパー右腕。一昨年は最優秀防御率、そして昨季は最多奪三振と、2年連続でタイトルを獲得。ただ、そんな活躍も、彼の中では単なる通過点としか思えないところに山本由伸のすごさがある。「昨季は途中の1ヵ月で調子を落としてしまったし、終盤の離脱もありましたから」と、彼が目指す理想はまだまだ高いところにありそうだ。「投手の中で一番の活躍をして、先発としてタイトルを狙いたい」と。彼の言う"一番"という言葉が心強い。由伸のゴールはわれわれの想像を超えた高みにある。

■ 公式戦個人年度別成績

年度	所属球団	試合	勝利	敗戦	セーブ	投球回数	自責点	防御率
2017	オリックス	5	1	1	0	23 2/3	14	5.32
2018	オリックス	54	4	2	1	53	17	2.89
2019	オリックス	20	8	6	0	143	31	1.95
2020	オリックス	18	8	4	0	126 2/3	31	2.20
通算	4年	97	21	13	1	346 1/3	93	2.42

■ 二軍公式戦個人年度別成績

年度	所属球団	試合	勝利	敗戦	セーブ	投球回数	自責点	防御率
2017	オリックス	8	2	0	0	33 2/3	1	0.27
2018	オリックス	6	2	0	0	24	1	0.38
2019	オリックス	1	0	1	0	6	2	3.00
通算	3年	15	4	1	0	63 2/3	4	0.57

大活躍で恩返ししたい!!

Q&A　Yamamoto Yoshinobu

①真剣フェイス②ヨシノブ!!　③釣り④時間にルーズ（本当に遅れたらダメなのは遅れない）⑤榊原翼⑥暇つぶしが上手⑦赤⑧菅田将暉⑨ビューティフル女子⑩歯磨きをする⑪小学1年生⑫目覚まし時計をかけずに寝る!!⑭野球は楽しく!!⑮勝って勝って勝ちまくる!!

大活躍
18.

19
山岡 泰輔

'95年9月22日(26歳)／172cm・68kg／A型／右投左打／5年目／広島県／瀬戸内高-東京ガス-オリックス(ドラフト1巡目・17〜)

[初登板] 2017.4.13(京セラドーム大阪)対ロッテ3回戦　先発(6回0/3)
[初勝利] 2017.5.28(ZOZOマリン)対ロッテ8回戦　先発(6回)
[初完封] 2017.8.26(メットライフ)対西武19回戦

タイトル》 最高勝率(19)

「19」番のプライド！期するリベンジ

開幕直後、自身2度目のマウンドでエースを襲ったのは脇腹痛。それまで経験したことのない箇所の故障で、◯月の間、戦列を離れてしまったのだ。「脇腹の状態は比較的早い段階で快方に向いました。問題はその後の体調不良。夏場に食事も進まず、体重が大きく落ちてしまって。チームには迷惑をかけてしまいました」と、離脱中の苦しい時期のことを話してくれた。それでも、シーズン終盤には完投勝利も挙げ、完全復活を印象付けた。「今季は少し、体重を増やしてね」。エースが期したリベンジ。それがかなえばチームは必ずや浮上する。

公式戦個人年度別成績

年度	所属球団	試合	勝利	敗戦	セーブ	投球回数	自責点	防御率
7	オリックス	24	8	11	0	149 1/3	62	3.74
8	オリックス	30	7	12	0	146	64	3.95
9	オリックス	26	13	4	0	170	70	3.71
0	オリックス	12	4	5	0	69 1/3	20	2.60
計	4年	92	32	32	0	534 2/3	216	3.64

二軍公式戦個人年度別成績

年度	所属球団	試合	勝利	敗戦	セーブ	投球回数	自責点	防御率
7	オリックス	2	0	1	0	12	2	1.50
8	オリックス	1	1	0	0	8	1	1.13
9	オリックス	3	1	0	0	11 2/3	8	6.17
計	3年	6	2	1	0	31 2/3	11	3.13

いつも応援ありがとうございます！

Q&A　Yamaoka Taisuke
⑤犬 ⑥雨男 ⑦赤 ⑧AAA ⑨ユニフォーム着てくれる人
⑪小学2年生、ソフトボール ⑭野球を楽しもう！ ⑮勝

投手　TAKEYASU DAICHI

21

竹安 大知

1994年9月27日(27歳)／183cm/83kg／O型／右投右打／
6年目／静岡県／伊東商高-熊本ゴールデンラークス-阪神(ドラフト3巡目・16～18)-オリックス(19～)

[初登板] 2017.10.5(甲子園)対中日24回戦　7回より救援(1回)
[初勝利] 2017.10.5(甲子園)対中日24回戦　7回より救援(1回)
[初完封] 2019.8.17(京セラドーム大阪)対ロッテ17回戦

移籍3年目。ローテ定着へ！

　右ひじの手術明けの昨年、防御率は改善できたが、なかなか思うような投球ができず、不本意なシーズンと本人は振り返った。先発としてのポテンシャルの高さは誰もが認めるところ。オフは体力面の向上と肩ひじのコンディショニングに力を入れた。早くも移籍3年目。一軍定着はもちろん、シーズンを通してローテーションを守り抜く。

結果で喜んでもらえるように
頑張ります

Q&A Takeyasu Daichi

①肌②竹安③睡眠④苦手な食べ物が多い⑤食べること⑥低温調理器の扱い⑦ネイビー⑧コブクロ『DOOR』⑨元気⑩天気の前は温かいうどん⑪小学1年生⑫いい入浴剤を使う⑬猫⑭ケガに気をつけて楽しんで野球をやってください！⑮ローテ奪取

■ 公式戦個人年度別成績

年度	所属球団	試合	勝利	敗戦	セーブ	投球回数	自責点	防御率
2017	阪神	1	1	0	0	1	0	0.00
2018	阪神	2	0	0	0	8	2	2.25
2019	オリックス	10	3	2	0	54	27	4.50
2020	オリックス	2	1	0	0	9	3	3.00
通算	4年	15	5	2	0	72	32	4.00

■ 二軍公式戦個人年度別成績

年度	所属球団	試合	勝利	敗戦	セーブ	投球回数	自責点	防御率
2016	阪神	6	0	2	0	7 2/3	9	10.57
2017	阪神	20	5	4	0	78 1/3	24	2.76
2018	阪神	14	6	1	0	34 2/3	5	1.30
2019	オリックス	10	2	1	0	36	8	2.00
2020	オリックス	8	1	1	0	27 2/3	3	0.98
通算	5年	58	14	8	0	184 1/3	49	2.39

"ローテ奪取" 21

投手　MURANISHI RYOTA

22

村西 良太

1997年6月6日(24歳)／174cm/76kg／O型／右投左打／
2年目／兵庫県／津名高-近畿大-オリックス(ドラフト3巡目・20～)

[初登板] 2020.6.25(ZOZOマリン)対ロッテ3回戦　先発(3回)

2年目に勝負をかけるサイドハンド

　プロ初登板が先発と、即戦力右腕として大いに期待されたルーキーイヤーではあったが、制球に苦しむなど、プロの壁にぶつかった。シーズン中に受けた右ひじ手術のその後の経過は良好で、臨戦態勢は整った。先発志向はあるものの、リリーフも厭わない。「与えられた場所で！」勝負をかける2年目。活躍の場は一軍のマウンドだ。

克己心 22

■ 公式戦個人年度別成績

年度	所属球団	試合	勝利	敗戦	セーブ	投球回数	自責点	防御率
2020	オリックス	4	0	1	0	8	8	9.00
通算	1年	4	0	1	0	8	8	9.00

■ 二軍公式戦個人年度別成績

年度	所属球団	試合	勝利	敗戦	セーブ	投球回数	自責点	防御率
2020	オリックス	8	2	1	0	22 1/3	9	3.63
通算	1年	8	2	1	0	22 1/3	9	3.63

チームに貢献できるように頑張ります。
応援よろしくお願いします

Q&A Muranishi Ryota

①ストレート②ムラ、ムラニシ③釣り、スニーカー、車④忘れ物が多い⑤猫⑧青⑧Shurkn Pap、Yellow bucks⑨山本舞香⑩オフの日は部屋掃除⑪小学3年生⑫お寿司を食べる⑬猫⑭継続は力なり⑮一軍30試合以上登板

28

富山 凌雅

1997年5月3日（24歳）／178cm・84kg／AB型／左投左打／3年目／和歌山県／九州国際大付高-トヨタ自動車-オリックス（ドラフト4巡目・19〜）

[初登板] 2019.9.26（札幌ドーム）対日本ハム24回戦　7回より救援（2回）

ブレイク直前！ パワーレフティ

2年目のシーズンは一軍の勝ちパターンの中継ぎマウンドを任された。貴重な経験を積む中で、芽生えた自信と見えた課題を今後の投球にどう生かせるかがポイント。プロ入り後は故障との戦いに苦しんだだけに、オフはケガをしない体づくり、特に柔軟性を求めたという。掲げた目標は開幕一軍と40試合と登板。ブレイクに期待！

公式戦個人年度別成績

年度	所属球団	試合	勝利	敗戦	セーブ	投球回数	自責点	防御率
19	オリックス	1	0	0	0	2	0	0.00
20	オリックス	18	0	2	0	18 1/3	9	4.42
通算 2年		19	0	2	0	20 1/3	9	3.98

二軍公式戦個人年度別成績

年度	所属球団	試合	勝利	敗戦	セーブ	投球回数	自責点	防御率
19	オリックス	14	4	2	0	24	8	3.00
20	オリックス	9	3	1	1	40	11	2.48
通算 1年		23	7	3	1	64	19	2.67

いつも熱い声援をありがとうございます。
今シーズンもよろしくお願いします

Q&A　Tomiyama Ryoga

①負けん気の強いピッチング②TOMMY③服、靴④急にテンションが上がる⑤家族、犬、兄弟⑥腕力⑦黄色、ピンク⑧AK-69、寿君⑨細身、髪の毛ロング⑩はじめの一杯はビール⑪小学1年生⑫風呂上がりに娘とアイス⑬ゴリラ⑭1日1日大事に⑮40試合以上登板

29

田嶋 大樹

1996年8月3日(25歳)／182cm・78kg・A型／左投左打／4年目／
栃木県／佐野日大高-JR東日本-オリックス(ドラフト1巡目・18〜)

［初登板］2018.3.31(ヤフオクドーム)対ソフトバンク2回戦　先発(5回)
［初勝利］2018.3.31(ヤフオクドーム)対ソフトバンク2回戦　先発(5回)
［初完封］2020.9.16(ほっと神戸)対楽天14回戦

貴重な先発左腕、狙うは2桁勝利

　プロ3年目にして初の規定投球回到達。これはシーズンを通してローテーションを守り抜いた証であり、輝かしい勲章でもある。ただ、彼の潜在能力を鑑みれば、そのことが彼の最終目標ではないことは明らか。防御率や勝敗(4勝6敗)など、まだまだ改善の余地があると言っていい。「今季は目標を大きく持つという意味で、何かタイトル争いを演じるくらいの数字を残したい。自分のスタイルを貫きつつ、一球一球のボールを大切に！」と、前を見据える。左腕のエース格として、目指すは"勝てる"投手。もはや、2桁勝利は射程圏内にある。

■ 公式戦個人年度別成績

年度	所属球団	試合	勝利	敗戦	セーブ	投球回数	自責点	防御率
2018	オリックス	12	6	3	0	68 2/3	31	4.06
2019	オリックス	10	3	4	0	49 2/3	19	3.44
2020	オリックス	20	4	6	0	122 1/3	55	4.05
通算	3年目	42	13	13	0	240 2/3	105	3.93

■ 二軍公式戦個人年度別成績

年度	所属球団	試合	勝利	敗戦	セーブ	投球回数	自責点	防御率
2018	オリックス	1	0	0	0	3	0	0.00
2019	オリックス	7	1	3	0	25	9	3.24
通算	2年	8	1	3	0	28	9	2.89

今年も応援よろしくお願いします

Q&A　Tajima Daiki

②タジ③ゴルフ⑤森林浴⑦オレンジ⑧Never Change⑨ショートカット⑪小学3年生⑫高級焼肉⑬うさぎか猫⑭まずは楽しんでください⑮目の前のやるべきことをやる

30
K- 鈴木

994年1月21日(27歳)／186cm・88kg／A型／右投右打／
年目／千葉県／千葉明徳高-国際武道大-日立製作所-オリック
（ドラフト2巡目・18〜）

[初登板] 2018.5.19(ほっと神戸)対西武7回戦　8回より救援(1回)
[初勝利] 2019.5.18(京セラドーム大阪)対西武8回戦　先発(5回2/3)

えられた場所で結果を！

ローテーションの一角としての期待に応えられず、昨季は苦し
悔しいシーズンだった。ファームでの調整中にはクローザー
Eされ、投手としての"守備範囲"は広がった。「今季はボール
精度を高め、求められた場所で結果を出したい」と抱負を口に
。もともと、ストレートのみならず、変化球も一級品。Kの逆
が見たい！

公式戦個人年度別成績

度	所属球団	試合	勝利	敗戦	セーブ	投球回数	自責点	防御率
18	オリックス	4	0	0	0	7 1/3	7	8.59
19	オリックス	19	4	6	0	102 1/3	49	4.31
20	オリックス	8	0	2	0	13 2/3	16	10.54
算	3年	31	4	8	0	123 1/3	72	5.25

二軍公式戦個人年度別成績

度	所属球団	試合	勝利	敗戦	セーブ	投球回数	自責点	防御率
18	オリックス	26	3	4	0	88 1/3	28	2.85
19	オリックス	5	1	1	0	35	3	0.77
20	オリックス	29	2	4	11	37 2/3	16	3.82
算	3年	60	6	9	11	161	47	2.63

"進化"

いつも熱いご声援ありがとうございます。
まだまだ納得した結果は出ていないですが、
ファンの皆さまが
Kなら勝てる、
Kなら抑えてくれる、
と思うような投球をしたいと思います。
引き続き熱いご声援よろしくお願いします

Q&A　K-Suzuki

①全力投球!! ②K!! ③PUBG ④涙もろい⑤家族、温泉⑥近藤大
売さんに負けない球の回転数⑦白、黒、赤⑧AK-69⑨好きになっ
た人がタイプ⑩乾杯のときはビールの小⑪保育園の年長⑫買い物
⑬キリン⑭目標に向かって全力でやること!! ⑮キャリアハイ

32
ブランドン・ディクソン

1984年11月3日（37歳）／195cm・84kg／右投右打／9年目／アメリカ／マーベリー高-セントラル・アラバマ短期大-タスカラム大-セントルイス・カージナルス傘下（06〜12）-オリックス（13〜）

［初登板］2013.3.31（QVCマリン）対ロッテ3回戦　先発（7回）
［初勝利］2013.3.31（QVCマリン）対ロッテ3回戦　先発（7回）
［初完封］2014.3.29（札幌ドーム）対日本ハム2回戦
［初セーブ］2019.6.19（東京ドーム）対巨人2回戦

≪記録≫ [日][パ]イニング最多奪三振4（2018.7.8）

先発再転向も！初の2桁勝利へ

　ここ2シーズンはチーム事情で、クローザーを任され、チームに貢献。中嶋新監督の構想では、先発への再転向もあるという。常々、"For the Team"を口にする超優良助っ人投手からすれば、そんなコンバートが、彼の投球やメンタルに対し、マイナスに作用することは考えにくい。スターターとしての6シーズン中、9勝が3度、8勝が2度と、意外なことに2桁勝利までは未だ届いていない。ならば、国内FA獲得が濃厚なシーズンにその壁を打ち破りたい。先発で10勝以上。来日9年目、オリックス一筋の親日家の目標は決まった！

■ 公式戦個人年度別成績

年度	所属球団	試合	勝利	敗戦	セーブ	投球回数	自責点	防御率
2013	オリックス	23	8	8	0	130	40	2.77
2014	オリックス	26	9	10	0	154	57	3.33
2015	オリックス	20	9	9	0	130 2/3	36	2.48
2016	オリックス	27	9	11	0	171 1/3	83	4.36
2017	オリックス	25	8	9	0	136	49	3.24
2018	オリックス	18	4	6	0	99	39	3.55
2019	オリックス	37	2	1	18	35 2/3	12	3.03
2020	オリックス	39	0	4	16	35 2/3	13	3.28
通算	8年	215	49	58	34	892 1/3	329	3.32

■ 二軍公式戦個人年度別成績

年度	所属球団	試合	勝利	敗戦	セーブ	投球回数	自責点	防御率
2013	オリックス	2	0	0	0	5	1	1.80
2014	オリックス	1	0	0	0	2	0	0.00
2017	オリックス	1	0	0	0	5	2	3.60
2018	オリックス	3	0	1	0	23	3	1.17
2019	オリックス	2	0	0	0	3	1	3.00
通算	5年	9	0	2	0	38	7	1.66

今年もコロナウィルスの影響を受ける大変な1年になりますが、みんなでならば一緒に乗り越えられます。日々一歩ずつ着実に進み、みんなで勝利を収めましょう

Q&A　Brandon Dickson

①信念②コットン③ハンティング④人前で話すことが苦手⑤家族⑥プレッシャーのかかる場面でも落ち着いていられること⑦カモフラージュ（迷彩）⑧ルーク・コムズ（Luke Combs）⑩Tシャツ⑫トラック⑬シカ⑮健康な状態で戦い抜き、バファローズのファンに優勝を届けること

35
比嘉 幹貴

82年12月7日(39歳)／177cm・77kg／A型／右投右打／12年目／
縄県／コザ高-国際武道大-日立製作所-オリックス(ドラフト2巡目・〜)

初登板] 2010.8.13(西武ドーム)対西武16回戦　7回より救援(1/3回)
初勝利] 2010.9.4(スカイマーク)対ソフトバンク23回戦　5回より救援(1回1/3)
初セーブ] 2018.8.4(ヤフオクドーム)対ソフトバンク14回戦

敵の大砲処理はお任せ！

昨季は開幕からの半月で8試合の登板をこなし、失点ゼロ。上々のスタートも、7月上旬に右太腿故障で無念の戦線離脱となった。一軍復帰が10月までずれ込み、を欠いた3ヵ月はチームとして大きな痛手だった。シーズンを通しての防御率0.71(20試合)は見事な数字。だけに「35」番の不在は大きかった。今季は能見篤(コーチ兼任)の加入で、投手陣最年長の座は譲ったが、生え抜きのベテランとしての信頼は揺るがない。「ケガなく過ごし、いつでも投げられる準備を」。緩急自在に相手強打者を翻弄する投球が楽しみだ。

一軍公式戦個人年度別成績

年度	所属球団	試合	勝利	敗戦	セーブ	投球回数	自責点	防御率
0	オリックス	24	2	1	0	21 2/3	3	1.25
1	オリックス	23	0	0	0	22 2/3	18	7.15
2	オリックス	12	1	0	0	10	2	1.80
3	オリックス	59	4	3	0	59 1/3	14	2.12
4	オリックス	62	7	1	0	56 2/3	5	0.79
5	オリックス	8	0	0	0	5	9	16.20
6	オリックス	16	1	0	0	9 1/3	5	4.82
7	オリックス	8	0	0	0	8 1/3	3	3.24
8	オリックス	43	0	2	1	35 1/3	8	2.04
9	オリックス	45	3	2	1	33 1/3	17	4.59
0	オリックス	20	0	0	0	12 2/3	1	0.71
通	11年	320	18	11	2	274 1/3	85	2.79

二軍公式戦個人年度別成績

年度	所属球団	試合	勝利	敗戦	セーブ	投球回数	自責点	防御率
0	オリックス	4	1	0	0	4	1	2.25
1	オリックス	15	0	0	1	13 2/3	5	3.29
2	オリックス	9	0	1	0	10	4	3.60
3	オリックス	6	0	0	0	5	0	0.00
4	オリックス	1	0	0	0	1	0	0.00
5	オリックス	6	0	1	0	6	5	7.50
6	オリックス	21	0	2	2	20 2/3	7	3.05
7	オリックス	43	3	1	2	35 1/3	4	1.02
8	オリックス	12	0	0	1	12	1	0.75
9	オリックス	4	0	0	0	2 2/3	0	0.00
0	オリックス	8	1	2	0	7 2/3	6	7.04
通	11年	129	5	7	6	118	33	2.52

躍動　事　35

いつも応援ありがとうございます。
ぜひ、球場に足を運んでいただき
応援よろしくお願いします

Q&A Higa Motoki
②もとき③釣り⑦紫⑧GACKT⑨良い人⑪小学3年生
⑭目標を決めて目標に向かって頑張って下さい⑮ケガなく1年間一軍

39
飯田 優也

1990年11月27日(31歳)／187cm・92kg／A型／左投左打／
9年目／兵庫県／神戸弘陵高-東京農業大生産学部-ソフトバンク(ドラフト育成3巡目・13〜18途)-阪神(18途〜20途)-オリックス(20途〜)

[初登板] 2014.6.11(ヤフオクドーム)対中日3回戦　8回より救援(1回)
[初勝利] 2014.7.30(山形)対楽天13回戦　先発(6回)

球種増で投球に幅

　シーズン途中にトレードで加入。9月6日の楽天戦(@仙台)では移籍後初勝利をマークするも、「それ以外は全くダメ」と厳しい自己評価。重いストレートに鋭い変化球が持ち味のパワーレフティは「今のスタイルには限界がある。新しい球種も」と現状打破に力を込める。一軍定着はもちろんのこと、50試合以上の登板を目指す。

早く覚えてもらえるように
頑張ります

Q&A　　Iida Yuya

①白さ②いーちゃん③マンガ④虫系は苦手⑤猫の動画を見ること⑥肩の骨をずっと鳴らすことができる⑦水色⑧椎名林檎⑨優しい人⑩タンはそのまま食べる⑪小学1年生⑫寝る前のビール1杯⑬ナマケモノ⑭やればできる⑮50試合登板

志高く！
39

■公式戦個人年度別成績

年度	所属球団	試合	勝利	敗戦	セーブ	投球回数	自責点	防御率
2014	ソフトバンク	12	2	5	0	58 1/3	21	3.24
2015	ソフトバンク	35	0	1	0	41 1/3	16	3.48
2016	ソフトバンク	30	1	0	0	41	15	3.29
2017	ソフトバンク	19	0	0	0	22 1/3	6	2.42
2018	ソフトバンク	1	0	0	0	1/3	2	54.00
2018	阪　神	1	0	0	0	3	4	12.00
2019	阪　神	3	0	0	0	3 1/3	4	10.80
2020	オリックス	4	1	0	0	4	7	15.75
通算	7年	105	5	6	0	173 2/3	75	3.89

■二軍公式戦個人年度別成績

年度	所属球団	試合	勝利	敗戦	セーブ	投球回数	自責点	防御率
2013	ソフトバンク	20	1	2	0	54 1/3	14	2.32
2014	ソフトバンク	12	9	0	0	60 2/3	11	1.63
2015	ソフトバンク	8	2	2	0	24 1/3	10	3.70
2016	ソフトバンク	11	1	0	5	16 2/3	4	2.16
2017	ソフトバンク	21	2	4	4	40 2/3	10	2.21
2018	ソフトバンク	22	0	3	1	33 2/3	15	4.01
2018	阪　神	6	1	1	0	12	5	3.75
2019	阪　神	42	3	3	0	38 2/3	12	2.79
2020	阪　神	10	2	1	0	18	7	3.50
2020	オリックス	6	0	0	0	11	9	7.36
通算	8年	158	21	17	15	310	97	2.82

43
前 佑囲斗

2001年8月13日(20歳)／182cm・88kg／A型／右投右打／
2年目／三重県／津田学園高-オリックス(ドラフト4巡目・20〜)

キレを磨いて前進あるのみ

　ルーキーイヤーに感じたもの。それは「レベルの違い」と本人は言う。それでもプロの世界を生き抜くために、必要なものは何なのかを学べたことは大きな収穫。同級生で同ポジションの宮城大弥の活躍が刺激にならないはずはない。「球のキレで勝負するのが自分のスタイル。そこを磨いて。次は自分の番」と、2年目の飛躍を誓う。

たくさんの応援ありがとうございます。
応援の期待に応えられるように
頑張りますので、
これからも応援よろしくお願いします

Q&A　　Mae Yuito

①まっすぐ②前P③辛いもの④虫が苦手⑤ペット⑥晴れ男⑦オレンジ⑧ベリーグッドマン、平井大⑨新垣結衣⑩小学1年生⑫お風呂上がりにデザート⑬猫⑭コツコツと積み重ねて頑張れ⑮一軍での登板

一軍初勝利
43

■二軍公式戦個人年度別成績

年度	所属球団	試合	勝利	敗戦	セーブ	投球回数	自責点	防御率
2020	オリックス	14	0	3	0	24	9	3.38
通算	1年	14	0	3	0	24	9	3.38

46
本田 仁海

99年7月27日(22歳)／181cm・74kg／A型／右投左打／
〜目／神奈川県／星槎国際高湘南-オリックス(ドラフト4巡目・
〜)

［登板］2020.11.1(札幌ドーム)対日本ハム23回戦　先発(4回)

ブレイク直前のプロスペクト

1月1日の一軍デビュー(対日本ハム@札幌)はホロ苦い結果(4回7失点3自責)に。ただ、自らが一軍で記した足跡は何より大きな第一歩であることに間違いない。大切なのは、一軍マウンドで感じたことを、次に生かせるかどうか。彼の最大の〜つはストレート。自らの強みを磨いて、次こそプロ初勝利だ!

公式戦個人年度別成績

年度	所属球団	試合	勝利	敗戦	セーブ	投球回数	自責点	防御率
20	オリックス	1	0	1	0	4	3	6.75
通算	1年	1	0	1	0	4	3	6.75

二軍公式戦個人年度別成績

年度	所属球団	試合	勝利	敗戦	セーブ	投球回数	自責点	防御率
18	オリックス	5	0	2	0	15 2/3	8	4.60
19	オリックス	17	2	4	2	57	15	2.37
20	オリックス	14	4	5	0	78 2/3	36	4.12
通算	3年	36	6	11	2	151 1/3	59	3.51

頑張ります!!

Q&A　Honda Hitomi

①ストレート②ひとみ③スニーカー、車④椎茸が嫌い⑤映画⑥たまに晴れ男⑦赤⑧清水翔太⑨優しい人⑩登板日前日はヨーグルト⑪小学1年生⑫アイス⑬犬⑭やればできる⑮何事も全力で!!

47
海田 智行

7年9月2日(34歳)／179cm・81kg／B型／左投左打／
〜目／広島県／賀茂高-駒沢大-日本生命-オリックス(ドラフ
ト〜目・12〜)

［板］2012.4.1(ヤフードーム)対ソフトバンク3回戦　8回より救援(0/3回)
［利］2013.4.17(西武ドーム)対西武5回戦　先発(6回)

貴重な中継ぎ左腕の復活に期待

〜しいし、責任を感じています」。昨シーズンを振り返った際、〜に彼の口からこぼれた言葉だ。経験豊富な中継ぎ投手と〜、昨シーズンの成績はまさに悪夢だっただろう。「年齢的に〜ンを引っ張っていかなければならない立場」と、決意も新〜復活を期す。「2年前のあの快投を」。イケメン左腕をみんな〜ている!

今年もヨロシク!

Q&A　Kaida Tomoyuki

①満面の笑み②海③コーヒー④トマトと虫が無理⑤子ども⑥ドライバーの飛距離⑦赤⑧俺を応援してくれる人⑩1日3回のコーヒー⑪小学3年生(ソフトボール)⑬猫⑭繊細かつ大胆に⑮やるべきことをやる

公式戦個人年度別成績

年度	所属球団	試合	勝利	敗戦	セーブ	投球回数	自責点	防御率
2012	オリックス	31	0	4	0	56 1/3	19	3.04
2013	オリックス	35	2	5	0	78 1/3	34	3.91
2014	オリックス	19	0	1	0	19	16	7.58
2015	オリックス	48	2	2	0	41 1/3	12	2.61
2016	オリックス	50	1	3	0	45 1/3	14	2.78
2017	オリックス	12	0	1	0	10 2/3	7	5.91
2018	オリックス	4	0	0	0	2 2/3	4	13.50
2019	オリックス	55	1	2	0	49	10	1.84
2020	オリックス	6	0	1	0	4 1/3	7	14.54
通算	9年	260	6	19	0	307	123	3.61

二軍公式戦個人年度別成績

年度	所属球団	試合	勝利	敗戦	セーブ	投球回数	自責点	防御率
2012	オリックス	5	2	0	0	12 1/3	0	0.00
2013	オリックス	7	2	1	0	28	7	2.25
2014	オリックス	8	1	3	0	29 2/3	21	6.37
2015	オリックス	8	0	1	2	9	0	0.00
2016	オリックス	8	0	0	0	17 2/3	12	6.11
2017	オリックス	15	0	0	0	11 2/3	5	3.86
2018	オリックス	18	1	1	0	17 1/3	4	2.08
2019	オリックス	9	0	7	1	7	1	1.29
2020	オリックス	25	0	0	0	22	8	3.27
通算	9年	103	6	13	3	154 2/3	58	3.38

48

齋藤 綱記

1996年12月18日(25歳)／182cm・89kg／O型／左投左打／
7年目／北海道／北照高-オリックス(ドラフト5巡目・15〜)

［初登板］2016.9.12(Koboスタ宮城)対楽天21回戦　2回より救援(4回)
［初勝利］2020.7.31(札幌ドーム)対日本ハム10回戦　6回より救援(2/3回)

7年目の大ブレイクに期待！

　昨年7月31日、札幌での日本ハム戦。3番手として
登板した齋藤は打者ふたりを三振に取る完璧な内容で、
プロ初勝利を挙げた。生き残りをかけて取り組んだサイ
ドハンド。それまでの努力が実を結んだわけだ。また、自
身が目標に挙げた一軍で30試合登板をクリア、6年目
のシーズンは実り多きものに。それでも、「競った場面で
の与四球や被本塁打があって、内容には満足していま
せん」と、本人。最大の武器であるスライダーにさらに磨
きをかけ、自らの地位をより確かなものにしたい。回跨
ぎも辞さない。目指すは50試合登板だ。

▓ 公式戦個人年度別成績

年度	所属球団	試合	勝利	敗戦	セーブ	投球回数	自責点	防御率
2016	オリックス	1	0	0	0	4	4	9.00
2018	オリックス	5	0	0	0	3 1/3	2	5.40
2019	オリックス	11	0	0	0	7	8	10.29
2020	オリックス	32	1	1	0	24 2/3	11	4.01
通算	4年	49	1	1	0	39	25	5.77

▓ 二軍公式戦個人年度別成績

年度	所属球団	試合	勝利	敗戦	セーブ	投球回数	自責点	防御率
2015	オリックス	8	0	3	0	10	16	14.40
2016	オリックス	20	3	7	0	73 2/3	43	5.25
2017	オリックス	10	2	3	0	38 2/3	22	5.12
2018	オリックス	40	2	1	0	33 2/3	5	1.34
2019	オリックス	33	3	1	0	24 2/3	3	1.09
2020	オリックス	13	0	0	0	11	0	0.00
通算	6年	124	10	15	0	191 2/3	89	4.18

応援が力になります。
一生懸命頑張ります

Q&A　　Saitoh Koki

①闘志②齋藤くん③たこ焼き④忘れ物たくさん⑤カール
を食べる⑥太りやすい⑦黒⑧UVERworld⑨髪の毛が
長い人⑪小学3年生⑫カールを食べる⑭闘志を燃やして
頑張ろう！⑮50試合以上投げる

49

澤田 圭佑

94年4月27日(27歳)／178cm・96kg／B型／右投左打／
目／愛媛県／大阪桐蔭高-立教大-オリックス（ドラフト8巡目・
〜）

[初登板] 2017.3.31（京セラドーム大阪）対楽天1回戦　11回より救援完了（1回）
[初勝利] 2018.5.4（ヤフオクドーム）対ソフトバンク7回戦　8回より救援（1回）

ちパターン定着へ

ーズン序盤は手痛い被弾もあり波に乗れずも、8月からは完
調。6点台だった防御率を3点台まで押し下げた。だが、
ズン終盤、彼を襲ったのは右ひじの炎症。9月18日を最後
戦列に戻ることなくシーズンを終えた。「悔しいシーズンでし
」この一言こそ彼の思いの全て。勝ち試合の駒としてシー
を全うする。

応援よろしくお願いします

Q&A　Sawada Keisuke

①全力投球②さわちゃん④予定を忘れることが多い
⑤温泉、サウナ⑦オレンジ⑧寿君⑩毎日サウナに入る
⑪幼稚園⑬熊⑮全力投球

■ 公式戦個人年度別成績

年度	所属球団	試合	勝利	敗戦	セーブ	投球回数	自責点	防御率
2017	オリックス	13	0	2	0	13	6	4.15
2018	オリックス	47	5	0	0	49 2/3	14	2.54
2019	オリックス	28	2	2	0	26	14	4.85
2020	オリックス	24	0	2	0	21	8	3.43
通算	4年	112	7	6	0	109 2/3	42	3.45

■ 二軍公式戦個人年度別成績

年度	所属球団	試合	勝利	敗戦	セーブ	投球回数	自責点	防御率
2017	オリックス	27	0	1	7	42 2/3	20	4.22
2018	オリックス	7	1	0	0	10	5	4.50
2019	オリックス	10	1	0	0	10	0	0.00
2020	オリックス	7	0	2	0	7	3	3.86
通算	4年	51	2	3	7	69 2/3	28	3.62

投 手　TYLER HIGGINS

52
タイラー・ヒギンス

1991年4月22日（30歳）／190cm・97kg／右投右打／2年目／アメリカ／ランシング・コミュニティ大・フロリダ（12〜マイアミ・マーリンズ（ドラフト23巡目・11〜17）-シアトル・マリナーズ（18）-サンディエゴ・パドレス（19）-オリックス（20〜）

［初登板］2020.6.27（ZOZOマリン）対ロッテ5回戦　9回より救援（1回）
［初勝利］2020.7.11（京セラドーム大阪）対日本ハム5回戦　8回より救援（1回）

クローザー候補としても名乗り

　来日1年目は主に8回を任され、41試合に登板。セットアッパーとしての役割を十分果たしてみせた。常時95マイルを超えるストレートを軸に、縦割れのカーブと相手のタイミングを絶妙に外すチェンジアップはNPBで十分に通用した。メジャー経験こそ無いものの、マイナーで培ったリリーフとしてのキャリアが生きた形に。今季、中嶋新監督は彼をクローザーの最有力候補として指名した。マイナーでの通算セーブは15。専任ではなかったにせよ、最後のマウンドを託された経験はゼロではない。花開いた日本での次なるステージは守護神だ！

■ 公式戦個人年度別成績

年度	所属球団	試合	勝利	敗戦	セーブ	投球回数	自責点	防御率
2020	オリックス	41	3	3	0	41 1/3	11	2.40
通算	1年	41	3	3	0	41 1/3	11	2.40

■ 二軍公式戦個人年度別成績

年度	所属球団	試合	勝利	敗戦	セーブ	投球回数	自責点	防御率
2020	オリックス	2	0	0	0	2	1	4.50
通算	1年	2	0	0	0	2	1	4.50

いつも応援ありがとうございます。
今年も勝利のために
一緒に戦ってください！

Q&A　　Tyler Higgins

①投球②ヒギー③釣り④スケボー⑤家族⑥整理整頓上手⑦青⑧Tyler Childers⑫マッサージ⑬おおかみ⑮ケガ無く、バファローズの勝利のために頑張ります

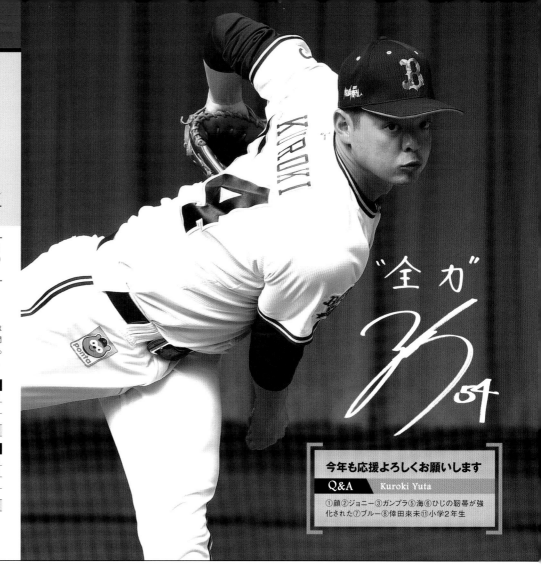

投　手　**KUROKI YUTA**

54
黒木 優太

94年8月16日（27歳）／179cm・85kg／A型／右投左打／
目／神奈川県／橘学苑高-立正大-オリックス（ドラフト2巡目・
〜）

[登板］2017.3.31（京セラドーム大阪）対楽天1回戦　10回より救援（1回）
[勝利］2017.5.16（京セラドーム大阪）対ソフトバンク9回戦　8回より救援（1回）
[セーブ］2017.6.4（東京ドーム）対巨人3回戦

り戻した54番で再起を

-昨年6月のトミー・ジョン手術から「54」番が帰ってきた。
〒10月22日のウエスタン（対阪神）で実戦復帰。球速は
km/h。順調な回復ぶりを周囲に印象付けた。「リハビリ期間
静に自分を見つめ直す時間でした」と自らの課題と向き合っ
投球の感覚も上々との手応えも。一軍での雄姿を早く観たい。

公式戦個人年度別成績

度	所属球団	試合	勝利	敗戦	セーブ	投球回数	自責点	防御率
7	オリックス	55	6	3	2	53 1/3	25	4.22
8	オリックス	39	1			34	17	4.50
算	2年	94	7	4	2	87 1/3	42	4.33

二軍公式戦個人年度別成績

度	所属球団	試合	勝利	敗戦	セーブ	投球回数	自責点	防御率
8	オリックス	6	0	1	0	5 1/3	6	10.13
9	オリックス	7	1	0	0	6	0	0.00
0	オリックス	2	0	0	0	2	0	0.00
算	3年	15	1	1	0	13 1/3	6	4.05

"全ガ" 54

今年も応援よろしくお願いします

Q&A　Kuroki Yuta

①顔②ジョニー③ガンプラ⑤海⑥ひじの靭帯が強
化された⑦ブルー⑧倖田來未⑪小学2年生

投 手　YAMADA NOBUYOSHI

57
山田 修義

1991年9月19日（30歳）／184cm・90kg／B型／左投左打／12年目／
福井県／敦賀気比高-オリックス（ドラフト3巡目・10～）

［初登板］2010.9.5（スカイマーク）対ソフトバンク24回戦　先発（3回）
［初勝利］2016.7.27（ほっと神戸）対ロッテ15回戦　先発（6回1/3）

宝刀スライダーでチームを勝利へ

　「目標だった登板数50試合に達することができず、満足はしていません」と本人は昨シーズンを振り返ったが、48試合の登板、勝ち星も4つと、これらはいずれもキャリアハイ。試合数は短縮されたものの、シーズンを一軍で全うできたことは大きな自信につながった。登板数にもまして、彼にとって悔しかったのはシーズン後半の内容だという。「重要な場面でしっかり抑えられないこともありましたから」と反省の言葉が口につく。とはいえ、勝ちパターンの貴重な中継ぎ左腕。今季もミールピッチのスライダーで真っ向勝負だ。

■ 公式戦個人年度別成績

年度	所属球団	試合	勝利	敗戦	セーブ	投球回数	自責点	防御率
2010	オリックス	1	0	0	0	3	1	3.00
2012	オリックス	6	0	2	0	17 1/3	11	5.71
2013	オリックス	1	0	0	0	1 1/3	3	20.25
2015	オリックス	7	0	1	0	16 1/3	10	5.51
2016	オリックス	12	2	7	0	58 1/3	32	4.94
2017	オリックス	4	0	3	0	12 1/3	12	8.76
2018	オリックス	30	1	2	0	21 1/3	9	3.80
2019	オリックス	40	0	0	0	43	17	3.56
2020	オリックス	48	4	5	0	39 1/3	17	3.89
通算	9年	149	7	20	0	212 1/3	112	4.75

■ 二軍公式戦個人年度別成績

年度	所属球団	試合	勝利	敗戦	セーブ	投球回数	自責点	防御率
2010	オリックス	13	3	3	0	54	20	3.33
2011	オリックス	13	0	3	0	40	23	5.18
2012	オリックス	21	5	7	0	96 1/3	26	2.43
2013	オリックス	16	5	4	0	63 2/3	18	2.54
2015	オリックス	15	5	11	0	55 1/3	27	4.39
2016	オリックス	3	1	1	0	9 2/3	11	10.24
2017	オリックス	19	4	8	0	94 2/3	28	2.66
2018	オリックス	16	4	3	0	37 2/3	14	3.35
2019	オリックス	19	0	1	0	14 1/3	1	0.63
2020	オリックス	1	1	0	0			
通算	10年	136	28	30	0	466 2/3	168	3.24

いつも応援していただき
ありがとうございます。
今年もケガなく1年間頑張りますので、
応援よろしくお願いします

Q&A　Yamada Nobuyoshi

①強気のピッチング②ノブ③ゲーム⑦黄色、青色⑪幼稚園⑭日々前進！⑮ケガなく50試合以上登板！優勝する！

58
金田 和之

1990年9月18日(31歳)／184cm・86kg／A型／右投右打／
?年目／鹿児島県／都城商高-大阪学院大-阪神(ドラフト5巡目・?3～16)-オリックス(17～)

初登板　2014.3.28(東京ドーム)対巨人1回戦　7回より救援(1回)
初勝利　2014.6.17(甲子園)対日本ハム3回戦　12回より救援完了(1/3回)

移籍5年目 一軍の戦力に

移籍4年目の昨季は一軍での登板が6試合に止まり、本人も「一軍の戦力になれなかった」と振り返った。ファームでは中継で結果を残した(30試合、防御率1.69)。それだけに一軍で勝負したい気持ちは強いはず。150km/hのまっすぐに、落?説いフォークは"上"でも十分に通用するレベルのもの。今季?ける。

応援よろしくお願いします

Q&A　Kaneda Kazuyuki
①ストレート②かねやん③Mr.Children④片付けが苦手⑤映画⑦紺⑧Mr.Children⑨笑う人⑩はじめはビール⑪小学3年生⑬ハイエナ⑭楽しく⑮戦力

■ 公式戦個人年度別成績

年度	所属球団	試合	勝利	敗戦	セーブ	投球回数	自責点	防御率
2014	阪 神	40	5	1	0	62 1/3	25	3.61
2015	阪 神	10	1	0	0	9 2/3	8	7.45
2016	阪 神	6	1	0	0	6	4	6.00
2017	オリックス	34	4	1	0	39	18	4.15
2018	オリックス	10	0	1	0	12 1/3	10	7.30
2019	オリックス	6	0	0	0	7 1/3	4	4.91
2020	オリックス	6	0	0	0	8 1/3	6	6.48
通算	7年	112	12	2	0	145	75	4.66

■ 二軍公式戦個人年度別成績

年度	所属球団	試合	勝利	敗戦	セーブ	投球回数	自責点	防御率
2013	阪 神	17	1	4	0	44	18	3.68
2014	阪 神	7	0	1	0	6	5	7.50
2015	阪 神	11	1	2	0	16 2/3	11	5.94
2016	阪 神	28	4	1	0	39 2/3	12	2.72
2017	オリックス	12	0	1	0	11	4	3.27
2018	オリックス	28	1	3	0	43 2/3	21	4.33
2019	オリックス	18	1	0	2	15 2/3	0	0.00
2020	オリックス	30	1	1	4	26 2/3	5	1.69
通算	8年	151	9	13	6	203 1/3	76	3.36

61
榊原 翼

?3年8月25日(23歳)／180cm・86kg／AB型／右投右打／
?年／千葉県／浦和学院高-オリックス(ドラフト育成2巡目・?)

初登板　2018.4.1(ヤフオクドーム)対ソフトバンク3回戦　8回より救援(0/3回)
初勝利　2019.4.17(京セラドーム大阪)対日本ハム5回戦　先発(6回)

?信を持って相手と勝負!

?ンプからフォームを崩し、シーズンを通して制球難(与四球?0)に苦しんだ。「冷静さを欠き、相手打者と勝負できませ?た」と振り返る。オフは、自信を取り戻すべく、自らを追い?きた。ダイナミックなフォームから繰り出されるボールは威?。ファンも"バラ"の笑顔とガッツポーズを待っている。

こんな僕に
拍手をありがとうございます

Q&A　Sakakibara Tsubasa
①魂②バラ③荒野行動④じっとしていられない⑤夜1人で聞く音楽⑦ピンク⑧YOKAZE/変態紳士クラブ⑨わがままでじっとしていられない自分を見守ってくれる人、歯並びがキレイな人⑪小学4年生⑬犬⑭頑張ろう!!⑮投げ抜く!

■ 公式戦個人年度別成績

年度	所属球団	試合	勝利	敗戦	セーブ	投球回数	自責点	防御率
2018	オリックス	5	0	0	0	18	7	3.50
2019	オリックス	13	3	4	0	79 1/3	24	2.72
2020	オリックス	9	1	4	0	43 1/3	25	5.19
通算	3年	27	4	8	0	140 2/3	56	3.58

■ 二軍公式戦個人年度別成績

年度	所属球団	試合	勝利	敗戦	セーブ	投球回数	自責点	防御率
2017	オリックス	13	2	1	3	12 1/3	2	1.46
2018	オリックス	35	2	2	1	59 1/3	15	2.28
2019	オリックス	2	1	0	0	7 1/3	0	0.00
2020	オリックス	10	4	1	0	51 1/3	21	3.68
通算	4年	60	9	4	4	130 1/3	38	2.62

投手　YAMAZAKI SOICHIRO

63

山﨑 颯一郎

1998年6月15日(23歳)／190cm・90kg／B型／右投右打／5年目／石川県／敦賀気比高-オリックス(ドラフト6巡目・17〜)

同級生に追いつけ追い越せ!

トミー・ジョン手術明けの長いリハビリを経て、復活のマウンドは昨年10月1日。球速は150km/hを超え、三者凡退(奪三振2)に抑え込んだ。「リハビリ中は同級生の活躍に刺激を受けた」と、同時に、野球ができることの喜びを再認識。背番号も2桁に戻った。「与えられた場所を全力で」、決意も新たに一軍デビューだ。

トミージョンから帰ってきました。パワーアップした姿を見せます!

Q&A　Yamazaki Soichiro

①口角②颯一郎くん③ゲーム(Apex)④天然⑤実家の犬⑥ポジティブ⑦ゴールド⑧ONE OK ROCK⑨品がある人⑩思いついたらすぐ行動⑪小学3年生⑫コンビニで爆買い⑬犬⑭人生一度きり⑮チームの戦力になる!

■ 二軍公式戦個人年度別成績

年度	所属球団	試合	勝利	敗戦	セーブ	投球回数	自責点	防御率
2017	オリックス	6	2	1	0	23 1/3	12	4.63
2018	オリックス	20	5	7	0	100 1/3	52	4.66
2019	オリックス	6	2	2	0	35 2/3	15	3.79
2020	オリックス	2	1	0	0	6	0	0.00
通算	4年	34	10	10	0	162 1/3	79	4.38

投手　URUSHIHARA TAISEI

65

漆原 大晟

1996年9月10日(25歳)／182cm・85kg／B型／右投左打／3年目／新潟県／新潟明訓高-新潟医療福祉大-オリックス(ドラフト育成1巡目・19〜)

[初登板] 2020.8.23(京セラドーム大阪)対西武12回戦　9回より教援完了(1回)
[初セーブ] 2020.8.23(京セラドーム大阪)対西武12回戦

将来のクローザー候補

キャンプ中に支配下登録を受けた右腕は、プロデビュー戦で初セーブをマーク。確実に進化を遂げてきた。そんな中で見えてきた課題もないわけではない。「打者の内側を攻めることは重要。インコースの精度を上げたい」と本人。故障なく、シーズンを通しての活躍を。"将来のクローザー候補"が3年目のステップアップを誓う。

■ 公式戦個人年度別成績

年度	所属球団	試合	勝利	敗戦	セーブ	投球回数	自責点	防御率
2020	オリックス	22	0	0	2	23 2/3	9	3.42
通算	1年	22	0	0	2	23 2/3	9	3.42

■ 二軍公式戦個人年度別成績

年度	所属球団	試合	勝利	敗戦	セーブ	投球回数	自責点	防御率
2019	オリックス	39	1	0	23	38 1/3	15	3.52
2020	オリックス	6	1	2	0	34	8	2.12
通算	2年	45	2	2	23	72 1/3	23	2.86

いつも応援ありがとうございます。今年も応援よろしくお願いします

Q&A　Urushihara Taisei

①ストレート、笑顔②うるし③スニーカー④リズム感がない⑤音楽⑦黒⑧安室奈美恵⑨優しくて礼儀正しい人⑩余裕を持って行動する⑪小学2年生⑫アイスを食べる⑬犬⑭何事も挑戦⑮一球入魂

66
吉田 凌

97年6月20日(24歳)／181cm・78kg／A型／右投右打／6年目／
庫県／東海大相模高-オリックス(ドラフト5巡目・16〜)

［登板］2017.10.3(札幌ドーム)対日本ハム24回戦　先発(2回2/3)
勝利 2020.8.15(PayPayドーム)対ソフトバンク11回戦　5回より救援(1回)

トレートを磨いて50試合登板

作季はプロ初勝利（8月15日対ソフトバンク＠福岡）を
げるなど、一軍でのキャリアをしっかり積んだ。最大の
器であるスライダーで要所を抑え、新たに習得したシュー
投球の幅を広げるのにひと役買った。「好不調の波
なく、ケガなくシーズンを過ごせたことはよかったで
相手強打者を抑えられたことも自信になりました」と、
固たる手応えを感じつつ迎える今シーズンは、昨季以
活躍が求められる。「変化球をより一層活かすため
、両サイドのストレートに磨きをかけたい」と前を見据
。目標は50試合登板だ。

公式戦個人年度別成績

	所属球団	試合	勝利	敗戦	セーブ	投球回数	自責点	防御率
7	オリックス	1	0	1	0	2 2/3	6	20.25
9	オリックス	4	0	0	0	4 1/3	4	8.31
	オリックス	35	2	2	0	29	7	2.17
	3年	40	2	3	0	36	17	4.25

軍公式戦個人年度別成績

	所属球団	試合	勝利	敗戦	セーブ	投球回数	自責点	防御率
	オリックス	12	2	2	0	42	27	5.79
	オリックス	16	6	5	0	83 2/3	22	2.37
	オリックス	10	3	2	0	32 1/3	15	4.18
	オリックス	29	3	0	1	26	4	1.38
	オリックス	7	1	0	0	5	2	3.60
	5年	74	15	9	1	189	70	3.33

たくさんのご声援
ありがとうございます。
期待に応えられるように
精一杯頑張ります

Q&A　Yoshida Ryo

①タテスラ②りょう③ゴルフ④虫が苦手⑤昼寝、お風呂に
ゆっくり入る⑦赤、青、紺⑧嵐⑨有村架純⑪小学1年生
⑫美味しいご飯を食べに行く⑭野球を楽しんで精一杯頑
張ってください⑮50試合登板

一日一生

66

投 手　SUZUKI YU

68

鈴木 優

1997年2月5日（24歳）／181cm・83kg／B型／右投右打／
7年目／東京都／雪谷高-オリックス（ドラフト9巡目・15～）

[初登板] 2015.9.30（京セラドーム大阪）対西武24回戦　9回より救援（1/3回）
[初勝利] 2020.7.1（メットライフドーム）対西武2回戦　先発（5回）
[初セーブ] 2020.11.6（京セラドーム大阪）対日本ハム24回戦

手にした自信で一軍定着だ！

　一軍での登板数13試合は自己最多。7月1日の西武戦（@メットライフドーム）でプロ初勝利をマークすると、ホーム最終戦（11月6日対日本ハム）では、初セーブを挙げて、ルーキー・宮城大弥のプロ初勝利をアシスト。今季は「開幕も、シーズン最後も一軍で。与えられた場所でシーズン完走」。さらなる飛躍を！

なかなか直接会えないですが、
SNSなどでのコメント、
いつも見ています。
とても力になっています！
これからもよろしくお願いします

Q&A　Suzuki Yu

①強気のピッチング②U-鈴木③映画④几帳面⑤洋楽
⑥雨男！⑦赤⑧Daddy Yankee、Maroon5⑨黒木
メイサ⑩8.5時間睡眠⑪小学4年生⑫スーパー銭湯
⑬コアラ⑭野球は楽しいもの！⑮一軍完走

■ 公式戦個人年度別成績

年度	所属球団	試合	勝利	敗戦	セーブ	投球回数	自責点	防御率
2015	オリックス	1	0	0	0	1/3	2	54.00
2016	オリックス	1	0	0	0	1 1/3	5	33.75
2019	オリックス	1	0	0	0	2	1	4.50
2020	オリックス	13	1	3	1	38 2/3	28	6.52
通算	4年	16	1	3	1	42 1/3	36	7.65

■ 二軍公式戦個人年度別成績

年度	所属球団	試合	勝利	敗戦	セーブ	投球回数	自責点	防御率
2015	オリックス	30	0	1	0	35 2/3	21	5.30
2016	オリックス	19	4	5	0	59 1/3	43	6.52
2017	オリックス	31	1	0	2	29 2/3	8	2.43
2018	オリックス	33	0	1	2	33 2/3	8	2.14
2019	オリックス	22	6	3	0	86 1/3	27	2.81
2020	オリックス	12	1	1	2	33	10	2.73
通算	6年	147	12	10	5	277 2/3	117	3.79

投 手　KAMBE FUMIYA

95

神戸 文也

1994年5月9日（27歳）／182cm・85kg／B型／右投右打／
5年目／群馬県／前橋育英高-立正大-オリックス（ドラフト育成3巡目・17～）

[初登板] 2019.8.10（楽天生命パーク）対楽天19回戦　9回より救援（2/3回）

ケガ無く一軍の戦力に

　故障もあって、意のままにならないシーズンだった。支配下2年目の気負いが先行し過ぎたのかもしれない。オフは体づくりを見直して、柔軟性の向上と可動域の拡張を意識したという。育成から独立リーグ派遣など、着実なステップを踏んでつかみ取った支配下。カウント球にも勝負球にもなるフォークは大きな強み。一軍で勝負だ。

■ 公式戦個人年度別成績

年度	所属球団	試合	勝利	敗戦	セーブ	投球回数	自責点	防御率
2019	オリックス	19	0	0	0	21	9	3.86
2020	オリックス	5	0	1	0	5 2/3	6	9.53
通算	2年	24	0	1	0	26 2/3	15	5.06

■ 二軍公式戦個人年度別成績

年度	所属球団	試合	勝利	敗戦	セーブ	投球回数	自責点	防御率
2017	オリックス	7	0	0	0	11 2/3	9	6.94
2018	オリックス	5	0	1	0	5	0	0.00
2019	オリックス	19	1	1	1	24	9	3.38
2020	オリックス	3	0	1	0	2 1/3	5	19.29
通算	4年	34	1	3	1	43	23	4.81

いつも応援ありがとうございます。
ファンのみなさまの声援が
すごく力になっています。
一試合でも多く、チームの力になり
みなさまの声援に応えられるように
全力で頑張りますので、
これからも応援よろしくお願いします

Q&A　Kambe Fumiya

①攻めの投球②お任せします③ゲーム④マイペースすぎるところ⑤寝ること⑥どこでも寝れる⑦赤⑧Hold My Hand/Jess Glynne⑨深田恭子さん⑩毎日必ずお風呂に浸かる⑪小学1年生⑫アイスが食べたいと思ったときのハーゲンダッツ⑭自分を信じて頑張ってください⑮ケガせずー軍の戦力になること

98

張奕

94年2月26日（27歳）／182cm・86kg／O型／右投右打／
年目／台湾／福岡第一高-日本経済大-オリックス（ドラフト育成
巡目・17〜）

[初登板]2019.5.16(ZOZOマリン)対ロッテ7回戦　8回より救援完了(2/3回)
[初勝利]2019.8.8(旭川)対日本ハム戦　先発(6回)

台湾代表右腕が一段上のブレイクを

"先発ローテの一角"との声も、シーズン直前に発覚した右ひじ故障で、期待に応えられなかった。当面の中嶋監督構想では、発とリリーフの両構えとなるのであろうが、本人はフルシーズンで活躍を誓うのみ。最大の武器は"強いストレート"。「ケガなくチーの勝利に貢献する」。台湾代表右腕が5年目の勝負に出る。

公式戦個人年度別成績

年度	所属球団	試合	勝利	敗戦	セーブ	投球回数	自責点	防御率
19	オリックス	8	2	4	0	27 1/3	18	5.93
20	オリックス	13	2	4	0	48	23	4.31
通算	1年	21	4	8	0	75 1/3	41	4.90

二軍公式戦個人年度別成績

年度	所属球団	試合	勝利	敗戦	セーブ	投球回数	自責点	防御率
18	オリックス	5	0	0	0	5	1	1.80
19	オリックス	19	2	3	1	41 1/3	11	2.40
20	オリックス	5	2	1	0	21 1/3	5	2.11
通算	3年	29	4	4	1	67 2/3	17	2.26

超"強気

今年も応援よろしくお願いします

Q&A　Cho Yaku

①吠えるところです②チョウちゃん③ゲームと車の動画④マイペース⑤こどもの成長⑥ゲームがちょっと上手⑦濃い赤、シーグリーン⑧かごめ⑨森七菜ちゃん⑩温泉⑪幼稚園⑫寝る前のプロテイン⑬犬⑭自分の夢を諦めるな!!⑮一軍定着

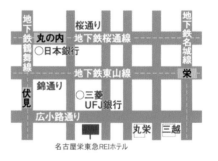

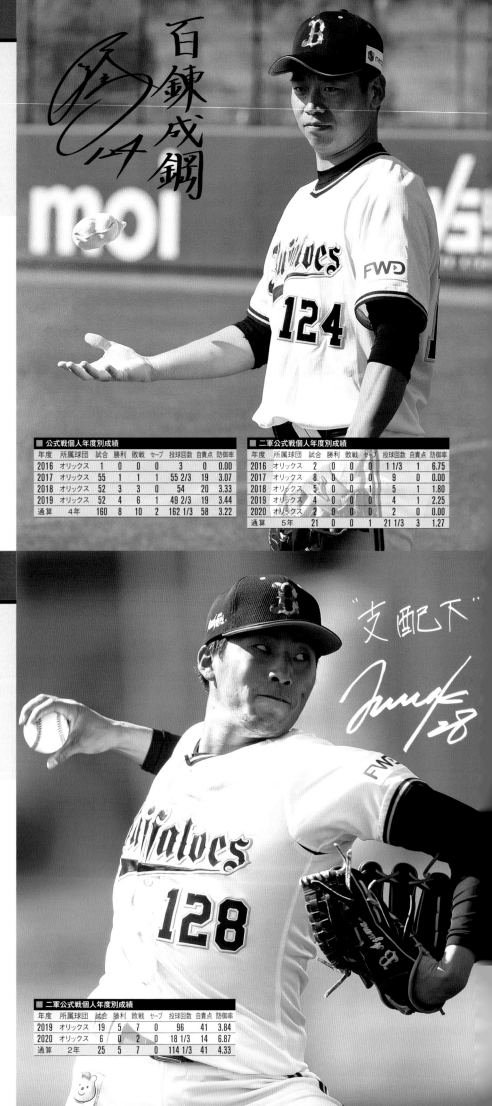

投手　KONDOH TAISUKE

124

近藤 大亮

1991年5月29日（30歳）／177cm・80kg／O型／右投右打／
6年目／大阪府／浪速高-大阪商業大-パナソニック-オリックス（ド
ラフト2巡目・16〜）

[初登板] 2016.3.26（西武プリンス）対西武2回戦　先発（3回）
[初勝利] 2017.8.10（京セラドーム大阪）対西武17回戦　8回より救援（1回）
[初セーブ] 2017.6.2（東京ドーム）対巨人1回戦

来季の支配下再登録に向けて

　昨年9月にトミー・ジョン手術を受け、今シーズンの実戦復帰はかなわないだろう。痛みを感じながらも6月にファームで復帰したのは彼の責任感の現れ。躍動感溢れるフォームから繰り出されるスピン量豊かなストレートが、今一度蘇ることを念じつつ、彼の復帰、復活を待つほかない。「必ず這い上がって見せる」の言葉を信じて。

一緒に這い上がりましょう！

Q&A　Kondoh Taisuke

①ひじの勲章②たいにい、こんちゃん③マンガ④気づいたらK-鈴木のアゴを触ってしまう⑤家族⑥和服が似合う⑦赤⑧TUBE⑨背番号が124のユニフォームを着ている人⑩ミンティア⑪小学3年生⑫ミルクティーを飲みながらマンガを読む⑬柴犬⑭前へ前へ進もう！⑮全てにおいてパワーアップして完全復活

■ 公式戦個人年度別成績

年度	所属球団	試合	勝利	敗戦	セーブ	投球回数	自責点	防御率
2016	オリックス	1	0	0	0	3	0	0.00
2017	オリックス	55	1	1	1	55 2/3	19	3.07
2018	オリックス	52	3	3	0	54	20	3.33
2019	オリックス	52	4	6	1	49 2/3	19	3.44
通算	4年	160	8	10	2	162 1/3	58	3.22

■ 二軍公式戦個人年度別成績

年度	所属球団	試合	勝利	敗戦	セーブ	投球回数	自責点	防御率
2016	オリックス	2	0	0	0	1 1/3	1	6.75
2017	オリックス	8	0	0	0	9	0	0.00
2018	オリックス	5	0	0	1	5	1	1.80
2019	オリックス	4	0	0	0	4	1	2.25
2020	オリックス	2	0	0	0	2	0	0.00
通算	5年	21	0	0	1	21 1/3	3	1.27

投手　AZUMA KOHEI

128

東 晃平

1999年12月14日（22歳）／178cm・83kg／O型／右投右打／
4年目／兵庫県／神戸弘陵学園高-オリックス（ドラフト育成2巡目・18〜）

故障から復帰！支配下へ再挑戦

　キャンプで肩とひじを痛め、ファームのマウンドに戻ってきたのは8月11日。前年はファームのローテに定着し、チーム最多の96投球回。支配下を目指すシーズンのはずが、故障に泣いた。それでも、11月のフェニックスでは復調の兆しも。オフは下半身強化に努め、制球力向上を目指してやってきた。支配下へ再チャレンジだ。

いつも熱い声援ありがとうございます。
今年も頑張ります。
応援よろしくお願いします！！

Q&A　Azuma Kohei

①笑顔②アズマ③Apex④虫が苦手⑤韓国ドラマ⑦黒⑧BTS⑨清楚⑩ソックスは左足から⑪幼稚園⑫短距離移動でタクシー⑬オオカミ⑭夢に向かって頑張れ！⑮支配下登録

■ 二軍公式戦個人年度別成績

年度	所属球団	試合	勝利	敗戦	セーブ	投球回数	自責点	防御率
2019	オリックス	19	5	7	0	96	41	3.84
2020	オリックス	6	0	2	0	18 1/3	14	6.87
通算	2年	25	5	7	0	114 1/3	41	4.33

001

佐藤 一磨

2001年4月16日（20歳）／190cm・95kg／AB型／左投左打／2年目／神奈川県／横浜隼人高-オリックス（ドラフト育成1巡目・20〜）

2年目の伸びしろに注目

「早く結果を求めすぎました。手応えはありませんでした」。ルーキーイヤーを終えての彼の言葉。偽らざる心境を口にしたであろうことは容易に想像できる。プロの厳しさを痛感したのだろう。投球面での課題はあるものの、長身左腕が繰り出すストレートに力になる可能性を感じるのもまた確かなこと。2年目の成長に注目したい。

コロナが収まってたくさん会える
機会が増えることを願っています。
応援よろしくお願いします

Q&A　Satoh Kazuma

①身長！②かずま③コンビニスイーツ④方向音痴⑤睡眠！⑥歌詞を覚えるのが得意かも⑦青色⑧SEKAI NO OWARI、Mr.Children、嵐⑨笑顔が素敵な人！⑪小学校1年生⑫オフの日にコンビニスイーツ⑬猿⑭野球を楽しむことを忘れない！⑮突き詰める

突き詰める 001

■ 二軍公式戦個人年度別成績

年度	所属球団	試合	勝利	敗戦	セーブ	投球回数	自責点	防御率
2020	オリックス	4	0	2	0	6 2/3	13	17.55
通算	1年	4	0	2	0	6 2/3	13	17.55

002

谷岡 楓太

2001年8月29日（20歳）／176cm・82kg／O型／右投右打／2年目／広島県／武田高-オリックス（ドラフト育成2巡目・20〜）

フェニックスでの手応えを大切に

ファームでの初登板はシーズン最終盤の阪神戦。結果は1失点。3つの四球が痛かった。だが、そこで得た経験は11月のフェニックスリーグで生きてきた。「5回の登板があったので、相手打者の反応も見られたのは良かった」と手応えを口に。カットボールの精度もアップ。2年目のレベルアップが楽しみだ。

■ 二軍公式戦個人年度別成績

年度	所属球団	試合	勝利	敗戦	セーブ	投球回数	自責点	防御率
2020	オリックス	1	0	0	0	1	3	27.00
通算	1年	1	0	0	0	1	3	27.00

情熱と工夫 002

期待に応えるためにも、
いち早く支配下になって
ファンの方たちと一緒に
チームで勝ちます！

Q&A　Tanioka Futa

①回転数のあるホップするようなストレート！②ふーた③ハマっているものはスマホゲームのプロ野球スピリッツA④地元は虫がいっぱいなのに、虫が苦手⑤Huluでアニメを見る、サウナ！⑥自信のある変顔ができる⑦緑⑧ONE OK ROCK⑨浜辺美波（誕生日も同じ）⑩毎朝、コンディショニングを行う⑪小学1年生⑫コンビニのデザート⑬レッサーパンダ⑭練習はプロに入るためではなく、活躍するためにやれ⑮最多登板、155km/h、支配下登録

投 手　NAKATA YUITO

003

中田 惟斗

2001年9月13日(20歳)／181cm・92kg／A型／右投右打／2年目／和歌山県／大阪桐蔭高-オリックス(ドラフト育成3巡目・20〜)

150km/hのストレート目指して

　1年目はファームでクローザーも任されて、貴重な経験を積んだ。そこで感じたのはストレートの大切さ。「強いまっすぐがなければ、変化球が生きてこない。150km/hの球速を目指したい」と、口にする。オフはウエイトやストレッチにも積極的に取り組んで、身体の強度を上げてきた。支配下に向けての足場固めを！

■二軍公式戦個人年度別成績

年度	所属球団	試合	勝利	敗戦	セーブ	投球回数	自責点	防御率
2020	オリックス	21	1	2	3	22	10	4.09
通算	1年	21	1	2	3	22	10	4.09

これからもよろしくお願いします

Q&A　Nakata Yuito

①どの状況でも強気②ゆいP③TikTok④虫、おばけ⑤ペット、平賀大和の笑顔⑥足が大きい⑦赤、黒⑧t-Ace、J-REXXXの『Friend』⑨永江梨乃、横田未来⑩勝負の日は赤パンツ⑪小学3年生⑫甘いもの、アイス⑬ライオン⑭人生楽しんだ者勝ち⑮どの場面でも強気なスタイル

投 手　MATSUYAMA MASAYUKI

008

松山 真之

2000年8月18日(21歳)／174cm・78kg／A型／右投右打／2年目／東京都／都立第四商業高-BCL・富山-オリックス(ドラフト育成8巡目・20〜)

フォームを固めて制球力アップを

　ファームでは21試合に起用され、勝ちもセーブもマークした。そんな中で感じた課題は制球力。「まずはコントロールの改善をしないと。この防御率では支配下にはなれない」と危機感を募らせる。足の上げ方など、手本にするのは藤川球児(元阪神)のフォーム。メカニズムをしっかり固めて制球力アップを目指す。

支配下目指して頑張ります。
応援よろしくお願いします

Q&A　Matsuyama Masayuki

①まっすぐ②まっちゃん、まつ③乃木坂46④足が短い⑤マンガ⑥肩の骨がずっと鳴る⑦緑⑧乃木坂46⑨生田絵梨花さん⑪小学1年生⑫オフの日は好きなものを食べる⑬鳥⑭勉強も頑張れ！⑮支配下登録

■二軍公式戦個人年度別成績

年度	所属球団	試合	勝利	敗戦	セーブ	投球回数	自責点	防御率
2020	オリックス	21	1	0	1	20	12	5.40
通算	1年	21	1	0	1	20	12	5.40

プレイヤーへ誠実に応え、プレイヤーを忠実に支えること、
さらなる高みを目指すチカラになることがスラッガーの使命です。

POWER to the
BASEBALL

2

若月 健矢

95年10月4日(26歳)／179cm・90kg／O型／右投右打／8年目／玉県／花咲徳栄高-オリックス(ドラフト3巡目・14〜)

初出場 2015.5.1(京セラドーム大阪)対ソフトバンク7回戦　10回代走
初安打 2015.9.28(京セラドーム大阪)対楽天25回戦　3回左安打(戸村)
初本塁打 2017.10.6(ヤフオクドーム)対ソフトバンク25回戦　5回(千賀)
初打点 2016.6.29(那覇)対楽天11回戦　4回(釜田)

新背番号で心機一転!

チームも最下位で、キャッチャーとしては0点です」と、
身への評価は厳しいものに。シーズン序盤は打撃好
で、"今年は!"という期待を抱かせたが、やがて失速。
備面においても、「盗塁阻止率(22.2%)も落ちてい
し。自分の武器は何なのかをもう一度考え直したい」
正妻獲りに向けて前を向く。自らの成績はもちろん
が、最優先させるのはチームの勝利。チームファース
前面に打ち出し、その歯車の一枚に徹するという。
い背番号は「ほしかった」一桁の数字。気持ちも新
に、2021年シーズンに立ち向かう!

公式戦個人年度別成績

度	所属球団	試合	打数	安打	本塁打	打点	盗塁	打率
5	オリックス	5	11	1	0	0	0	.091
6	オリックス	85	229	52	0	20	0	.227
7	オリックス	100	218	44	1	18	0	.202
8	オリックス	114	269	66	1	27	1	.245
9	オリックス	138	298	53	1	21	2	.178
0	オリックス	75	192	46	3	19	2	.240
通算 6年		517	1217	262	6	105	5	.215

二軍公式戦個人年度別成績

度	所属球団	試合	打数	安打	本塁打	打点	盗塁	打率
4	オリックス	57	157	36	4	26	1	.229
5	オリックス	90	242	56	4	22	0	.231
6	オリックス	30	85	19	0	6	0	.224
7	オリックス	1	3	0	0	0	0	.000
8	オリックス	4	12	2	1	2	0	.167
9	オリックス	2	8	4	0	1	0	.500
通算 6年		184	507	117	9	57	1	.231

これからもオリックスをよろしく♡

Q&A　Wakatsuki Kenya

②海パン刑事③こち亀（こちら葛飾区亀有公園前派出所）
④虫⑤My猫『もなか君』⑥あごの骨を鳴らせる（永遠）
⑦水色⑧尾崎豊、Cocco⑨北斗晶⑩はじめの2杯はビール
⑪小学1年生⑫My猫と寝る⑬猫⑭ご飯をたくさん食べよう
⑮優勝

23
伏見 寅威

1990年5月12日(31歳)／182cm・87kg／AB型／右投右打／9年目／
北海道／東海大付属第四高-東海大-オリックス(ドラフト3巡目・13〜)

［初出場］2013.4.29(札幌ドーム)対日本ハム6回戦　8回捕手
［初安打］2013.4.29(札幌ドーム)対日本ハム6回戦　9回右中二(鍵谷)
［初本塁打］2013.8.3(ほっと神戸)対ロッテ13回戦　9回(益田)
［初打点］2013.8.3(ほっと神戸)対ロッテ13回戦　7回(服部)

ムードメーカーが正妻獲りへ

　アキレス腱断裂という大ケガから鮮やかな復活を遂げ、捕手としての出場機会（47試合でスタメンマスク）は大幅に増えた。多くの投手のボールを受け、リードしたことでキャッチャーとしての視野は格段に広がった。勝負強い打撃も健在で、アベレージ以上の勝負強さを多くの人が感じたはずだ。「レギュラーを狙う大切なシーズン。リード面だけでなく、チャンスで打てるメンタルや長打力を磨いていきたい。これまで以上に強い気持ちで」と、力をこめる。誰もが認めるムードメーカー。グラウンドでも、ベンチでも大きな声でチームを鼓舞する。

■ 公式戦個人年度別成績

年度	所属球団	試合	打数	安打	本塁打	打点	盗塁	打率
2013	オリックス	17	28	7	1	2	0	.250
2014	オリックス	7	5	0	0	0	0	.000
2015	オリックス	20	22	6	0	0	0	.273
2016	オリックス	17	33	8	0	1	0	.242
2017	オリックス	4	1	0	0	0	0	.000
2018	オリックス	76	186	51	1	17	0	.274
2019	オリックス	39	61	10	1	9	0	.164
2020	オリックス	71	189	49	6	23	0	.259
通算	8年	251	525	131	9	52	0	.250

■ 二軍公式戦個人年度別成績

年度	所属球団	試合	打数	安打	本塁打	打点	盗塁	打率
2013	オリックス	43	115	38	0	17	1	.330
2014	オリックス	63	187	58	5	33	0	.310
2015	オリックス	44	137	25	1	14	0	.182
2016	オリックス	38	112	24	1	12	0	.214
2017	オリックス	77	241	61	1	33	0	.253
2018	オリックス	5	15	6	1	2	0	.400
2019	オリックス	2	8	2	0	0	0	.250
通算	7年	272	815	214	9	111	1	.263

必ず優勝しましょう！

Q&A　　Fushimi Torai

①肩幅②TRY！③韓国ドラマ④真面目なフリをしてます⑤ペット（犬）⑥鼻の骨がない⑦青⑧BTS⑨テンション高いが、真面目な話もできる人⑩シンプル is the Best！⑪小学3年生⑫たまーに夜アイスを食べる⑬カバ(走り方が似てると言われた)⑭夢見ること。それが生きる力⑮100試合出場。レギュラーで出る

熱く冷静に。

手　MATSUI MASATO

33
松井 雅人

1987年11月19日(34歳)／179cm・81kg／A型／右投左打／
12年目／群馬県／桐生第一高・上武大・中日(ドラフト7巡目・10
～19途)-オリックス(19途～)

[初出場] 2010.3.28(ナゴヤドーム)対広島3回戦　8回代打
[初安打] 2010.3.30(神宮)対ヤクルト1回戦　7回中安打(吉川)
[初本塁打] 2014.7.10(神宮)対ヤクルト12回戦　9回(江村)
[初打点] 2013.5.31(札幌ドーム)対日本ハム3回戦　2回(ウルフ)

捕手陣のリーダー的存在

頭脳スマートなベテラン捕手。先発復帰した増井浩俊の良さを引き出す好リードは印象的だった。チームメイトからの信頼も厚く、頼れる兄貴的存在だ。「捕手陣は皆ライバルだけど、チームの勝利のためならアドバイスは惜しまない。そういう立場だと認識しています」。捕手陣最年長の自覚を持って、捕手も投手もリードする。

**これからも、
応援よろしくお願いします**

Q&A　Matsui Masato

①まじめな顔つき②みやび③海外ドラマ④忘れっぽい⑤子ども⑥誰にでも優しくする⑦白、金⑧なつメロ⑨優しい人⑪小学2年生⑫顔パック⑬馬⑭今ガンバロウ⑮チームを勝たせる

公式戦個人年度別成績

年度	所属球団	試合	打数	安打	本塁打	打点	盗塁	打率
2010	中日	13	14	1	0	0	0	.071
2011	中日	10	11	3	0	0	0	.273
2012	中日	4	2	0	0	0	0	.000
2013	中日	45	63	9	0	3	1	.143
2014	中日	67	142	25	1	4	3	.176
2015	中日	51	133	18	0	7	2	.135
2016	中日	4	7	1	0	0	0	.143
2017	中日	87	208	46	2	17	0	.221
2018	中日	92	218	50	2	22	0	.229
2019	中日	20	33	7	0	2	0	.212
2019	オリックス	24	36	7	0	0	0	.194
2020	オリックス	23	36	8	1	4	0	.222
通算	11年	440	903	175	6	61	6	.194

二軍公式戦個人年度別成績

年度	所属球団	試合	打数	安打	本塁打	打点	盗塁	打率
2010	中日	29	55	14	2	8	1	.255
2011	中日	61	125	34	1	9	2	.272
2012	中日	52	79	9	0	7	0	.114
2013	中日	13	28	12	2	8	0	.429
2014	中日	13	33	4	0	0	0	.121
2015	中日	18	20	2	0	0	0	.100
2016	中日	62	146	26	1	14	1	.178
2017	中日	3	8	0	0	0	0	.000
2018	中日	5	8	1	0	1	0	.125
2019	オリックス	16	35	5	0	2	1	.143
2020	オリックス	4	5	0	0	0	0	.000
通算	11年	276	542	107	6	48	5	.197

手　TONGU YUMA

44
頓宮 裕真

[19]96年11月17日(25歳)／182cm・103kg／AB型／右投右打／
[?]年目／岡山県／岡山理科大附属高・亜細亜大・オリックス(ドラフ
[ト2巡]目・19～)

[初出場] 2019.3.29(札幌ドーム)対日本ハム1回戦　先発三塁手
[初安打] 2019.3.29(札幌ドーム)対日本ハム1回戦　1回右安打(上沢)
[初本塁打] 2019.4.18(ほっと神戸)対日本ハム6回戦　7回(加藤)
[初打点] 2019.3.29(札幌ドーム)対日本ハム1回戦　1回(上沢)

[長打]が魅力の攻撃型捕手

[手]首骨折で長期離脱を強いられたが、シーズン後半に一軍[復帰を]果たし、本職であるキャッチャーとしての経験を積むことが[でき]た。「打撃に関しては手応えがありました」との言葉通り、出[場数]は多くなかった(12試合)が、打率は3割を超えた。長打[のでき]る捕手はチームにとっても貴重な存在。一軍定着へ勝負[の年とな]る。

公式戦個人年度別成績

所属球団	試合	打数	安打	本塁打	打点	盗塁	打率
オリックス	28	91	18	1	10	0	.198
オリックス	12	32	10	2	5	0	.313
2年	40	123	28	5	15	0	.228

二軍公式戦個人年度別成績

所属球団	試合	打数	安打	本塁打	打点	盗塁	打率
オリックス	26	80	22	3	11	0	.275
オリックス	20	58	15	4	13	1	.259
2年	46	138	37	7	24	1	.268

必ず優勝します!!

Q&A　Tongu Yuma

①太もも②とん③競艇④すぐ調子乗る⑤モーラス(湿布を体に貼りまくる)⑦赤、金⑧Bigfumiさん⑨笑顔が素敵な人⑩夜ご飯の最初はサラダ爆食い⑪小学1年⑬ゴリラ⑭楽しく野球をすること⑮レギュラーを取る

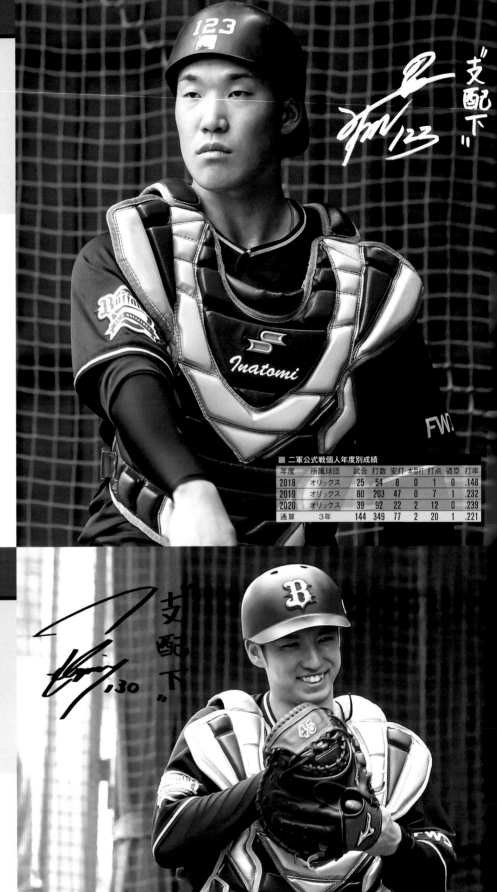

捕 手　INATOMI HIROKI

123

稲富 宏樹

1999年4月27日(22歳)／178cm・83kg／O型／右投左打／
4年目／大阪府／三田松聖高-オリックス(ドラフト育成1巡目・
18〜)

支配下目指して貪欲に

　ウエスタンでは初ホーマーを含む2本のホームランを放ち、打撃面での成長が感じられるシーズンだった。本人も「スイングが強くなって、打球に角度がついてきました」と手応えを感じたようだ。課題であるリード面に関しても克服に向けて、シーズンオフは配球の勉強に時間を割いた。支配下を目指して、貪欲にアピールしたい。

ファンのみなさん、
いつも応援ありがとうございます。
これからも頑張りますので
よろしくお願いします

Q&A　Inatomi Hiroki

①笑顔、元気②トミー③音楽④お腹崩しやすい⑤愛犬の『ももみ』⑥指の骨をずっと鳴らすことができる⑦黒⑧テイラー・スウィフト⑨元気な人⑩小学4年生⑫カレーを食べるときにチーズを大量に入れる⑬犬⑭元気に楽しい野球をしてください。頑張れ!!⑮1年間元気にプレーする!!

■二軍公式戦個人年度別成績

年度	所属球団	試合	打数	安打	本塁打	打点	盗塁	打率
2018	オリックス	25	54	8	0	1	0	.148
2019	オリックス	80	203	47	0	7	1	.232
2020	オリックス	39	92	22	2	12	0	.239
通算	3年	144	349	77	2	20	1	.221

捕 手　FELIPE

130

フェリペ

1999年9月4日(22歳)／176cm・78kg／O型／右投右打／
4年目／静岡県／御殿場西高-オリックス(ドラフト育成4巡目・
18〜)

攻守で支配下へアピール

　内・外野もソツなくこなすユーティリティープレーヤーだが、昨季は本職のキャッチャーとしての出番が増えた。自身が課題とするのはバッティング。オフ期間中は、舞洲でしっかりバットを振り込んできた。「こだわりたいのはチャンスでのバッティング。得点圏打率です」。攻守両面でのレベルアップで、支配下に一気に近づきたい。

いつも応援ありがとうございます

Q&A　Felipe

①スマイル②ペ③スニーカー集め④話をすぐ忘れる⑤映画⑥晴れ男⑦黄色⑧セレーナ・ゴメス⑨黒木メイサ⑩朝の野菜ジュース⑪小学4年生⑬ペンギン⑭頑張ってください⑮支配下登録

■二軍公式戦個人年度別成績

年度	所属球団	試合	打数	安打	本塁打	打点	盗塁	打率
2018	オリックス	7	6	0	0	0	0	.000
2019	オリックス	41	45	9	0	0	1	.200
2020	オリックス	46	96	18	0	12	0	.188
通算	3年	94	147	27	0	12	1	.184

手　TSURUMI RYOYA

005

鶴見 凌也

01年11月22日(20歳)／174cm・75kg／O型／右投右打／
目／茨城県／常盤大高-オリックス(ドラフト育成5巡目・20〜)

支配下 "005"

年目はファームで経験を

ーキーイヤーに感じたものは"プロの厳しさ"。ファームでもな
か出番が回ってくることはなかった。そんな中でも、地道な
習続け、成長も感じられたという。その言葉通り、11月のフェ
クスリーグでは、マスクを被るチャンスをもらい、盗塁を阻むシー
。上を目指すために、まずはウエスタンで経験を積む。

これからも
応援よろしくお願いします！

Q&A	Tsurumi Ryoya

①肩の強さ②つるつる③音楽を聴くこと④すぐ眠く
なる⑤Netflix⑥吸っても吐いても口笛ができる
⑦赤⑧ジャスティン・ビーバー⑨BLACKPINKの
リサ⑩靴は左足から履く⑪小学3年生⑫風呂上り
のコーラ⑬豹⑭元気に頑張ってください⑮試合で
たくさん打つ

予手　KATSUMATA SHOKI

0

勝俣 翔貴

年7月20日(24歳)／178cm・88kg／B型／右投左打／
／神奈川県／東海大菅生高-国際武道大-オリックス(ドラ
巡目・20〜)

フルスイング 裏。

場] 2020.6.24(ZOZOマリン)対ロッテ2回戦　9回代打

さバネにブレイク目指す

切りの良い打撃がウリのはずが、一軍では8打席8三振
ッティング面で苦しんだ。「強いスイングはできていたのです
みすぎました」と、振り返る。プロの水には慣れた。ならば
強み(＝打撃)を生かして、今一度勝負したい。「三振を減
意味のある打席を増やす」と、意を決した。一軍の戦力に！

いつも応援ありがとうございます。
応援に応えられるよう頑張ります

Q&A	Katsumata Shoki

①力強いスイング②カッチ③辛いもの④怖いのが
手⑤映画⑥晴れ男⑦青⑧ゆず⑨明るい人⑩ご
のとき牛乳を飲む⑪小学1年生⑫休み前は好き
ものを食べる⑬牛⑭野球を楽しむ⑮自分のスイン
をし続ける

■ 公式戦個人年度別成績

年度	所属球団	試合	打数	安打	本塁打	打点	盗塁	打率
2020	オリックス	5	8	0	0	0	0	.000
通算	1年	5	8	0	0	0	0	.000

■ 二軍公式戦個人年度別成績

年度	所属球団	試合	打数	安打	本塁打	打点	盗塁	打率
2020	オリックス	48	130	23	0	12	0	.177
通算	1年	48	130	23	0	12	0	.177

内野手　ADACHI RYOICHI

3

安達 了一

1988年1月7日(33歳)／179cm・80kg／O型／右投右打／10年目
群馬県／榛名高-上武大-東芝-オリックス(ドラフト1巡目・12〜)

[初出場] 2012.5.12(京セラドーム)対楽天8回戦　8回代走
[初安打] 2012.7.7(QVCマリン)対ロッテ10回戦　6回左中二(大谷)
[初本塁打] 2013.4.5(京セラドーム大阪)対西武1回戦　7回(岸)
[初打点] 2012.7.7(QVCマリン)対ロッテ10回戦　2回(渡辺)

チームの勝利を第一に

　規定打席には達しなかったものの、打率(.289)はキャリアハイ。守備に関しても、"さすが!"と思わせるシーンもしばしばで、チームリーダーとしての存在感は増すばかりだ。「チームが勝てなかったことに責任を感じています」の言葉は生え抜きのリーダーならではのもの。若手の成長を喜びながらも、まだまだ後進に道を譲る気持ちは毛頭ない。ただ、「求められればアドバイスは惜しまない」とチーム優先の考えは不変。オフは体のキレを増すことをテーマに取り組んできた。ロメロとのホームラン後のパフォーマンスも楽しみだ。

■ 公式戦個人年度別成績

年度	所属球団	試合	打数	安打	本塁打	打点	盗塁	打率
2012	オリックス	50	88	14	0	4	2	.159
2013	オリックス	131	395	93	5	30	16	.235
2014	オリックス	143	486	126	8	50	29	.259
2015	オリックス	139	506	121	11	55	16	.239
2016	オリックス	118	403	110	1	34	6	.273
2017	オリックス	109	316	64	3	26	4	.203
2018	オリックス	140	465	102	3	41	20	.219
2019	オリックス	56	155	43	2	20	10	.277
2020	オリックス	78	266	77	2	23	15	.289
通算	9年	964	3080	750	35	283	118	.244

■ 二軍公式戦個人年度別成績

年度	所属球団	試合	打数	安打	本塁打	打点	盗塁	打率
2012	オリックス	34	130	35	2	11	3	.269
2013	オリックス	5	20	5	0	0	0	.250
2016	オリックス	4	10	3	0	0	0	.300
2017	オリックス	1	3	1	0	1	0	.333
2019	オリックス	16	44	8	0	2	2	.182
通算	5年	60	207	52	2	14	5	.251

いつもありがとうございます!

Q&A　Adachi Ryoichi

①守備②任せます③ディズニー⑤息子、ペット⑦黄色⑪小学生からソフトボール、中学生から野球⑭頑張ってください!⑮優勝

4
福田 周平

92年8月8日（29歳）／167cm・69kg／A型／右投左打／4年目／
阪府／広陵高-明治大-NTT東日本-オリックス（ドラフト3巡目・18～）

[初出場] 2018.4.8（メットライフ）対西武3回戦　先発遊撃手
[初安打] 2018.4.24（札幌ドーム）対日本ハム3回戦　9回遊安打（トンキン）
[初本塁打] 2018.9.25（京セラドーム大阪）対ソフトバンク23回戦　8回（モイネロ）
[初打点] 2018.5.2（京セラドーム大阪）対西武5回戦　4回（カスティーヨ）

出塁率4割を目指して

右手人差し指剥離骨折の影響で、ひと月以上遅れて
一軍参戦。出場試合数も76に終わり、悔しさを味わっ
ーズンだった。「試合に出ること」が彼の中でのファー
プライオリティー。「試合に出るためにはポジションに
こだわりません。外野に就くことも厭わない。全試合、
たいですから」と覚悟を語る。オフはフルシーズンを戦
る体作りに重きを置いてトレーニングを積んできた。そ
何より、彼が強く求めるものが"出塁率"。「打率プラ
割の出塁率を残したい」との意欲を示す。試合に出
塁にも出る。出塁率4割を目指す。

公式戦個人年度別成績

度	所属球団	試合	打数	安打	本塁打	打点	盗塁	打率
8	オリックス	113	295	78	1	15	16	.264
9	オリックス	135	492	123	2	38	30	.250
0	オリックス	76	260	67	0	24	13	.258
通算	3年	324	1047	268	3	77	59	.256

二軍公式戦個人年度別成績

度	所属球団	試合	打数	安打	本塁打	打点	盗塁	打率
8	オリックス	15	54	12	0	1	1	.222
9	オリックス	5	18	4	0	1	1	.222
0	オリックス	4	11	4	1	3	1	.364
通算	3年	24	83	20	1	5	3	.241

応援ありがとうございます！！

Q&A　Fukuda Shuhei

①走・攻・守②福田④面倒くさがり⑤家族⑦ネイビー⑨よく
笑う人⑪小学1年生⑬鳥⑭リラックス⑮チームに貢献

5

西野 真弘

1990年8月2日(31歳)／167cm・68kg／O型／右投左打／7年目／東京都／東海大付属浦安高-国際武道大-JR東日本-オリックス(ドラフト7巡目・15〜)

[初出場] 2015.4.2(ヤフオクドーム)対ソフトバンク3回戦　5回代打
[初安打] 2015.4.12(コボスタ宮城)対楽天3回戦　7回右安打(戸村)
[初本塁打] 2015.4.29(京セラドーム大阪)対楽天5回戦　4回(美馬)
[初打点] 2015.4.22(QVCマリン)対ロッテ5回戦　7回(藤岡)

サードのレギュラー取りへ意欲

　ルーキーイヤーの故障離脱前は打率3割をキープ、翌年は142安打をマークするなど、打撃の能力は相当なもの。しかしながら、ここ数年は相次ぐ故障で不完全燃焼のシーズンが続く。それ故に、オフは故障しない体作りを念頭にトレーニングを重ねてきた。厳しいライバルとの競争を勝ち抜いて、サードのポジション取りを狙う。

これからも応援よろしくお願いします！

Q&A　Nishino Masahiro

①全力プレー②MASAHIRO③ゴルフ④片付け⑤寝る⑦オレンジ⑧AAA⑨宇野実彩子⑪小学3年生⑭ともに頑張ろう！⑮レギュラー

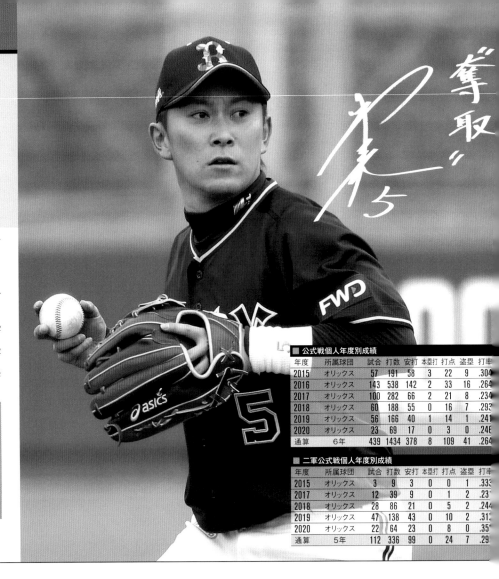

■ 公式戦個人年度別成績

年度	所属球団	試合	打数	安打	本塁打	打点	盗塁	打率
2015	オリックス	57	191	58	3	22	9	.304
2016	オリックス	143	538	142	2	33	16	.264
2017	オリックス	100	282	66	2	21	8	.234
2018	オリックス	60	188	55	0	16	7	.293
2019	オリックス	56	166	40	1	14	1	.241
2020	オリックス	23	69	17	0	3	0	.246
通算	6年	439	1434	378	8	109	41	.264

■ 二軍公式戦個人年度別成績

年度	所属球団	試合	打数	安打	本塁打	打点	盗塁	打率
2015	オリックス	3	9	3	0	0	1	.333
2017	オリックス	12	39	9	0	1	2	.23?
2018	オリックス	28	86	21	0	5	2	.244
2019	オリックス	47	138	43	0	10	2	.31?
2020	オリックス	22	64	23	0	8	0	.35?
通算	5年	112	336	99	0	24	7	.29?

内野手　**OHSHIRO KOJI**

9

大城 滉二

1993年6月14日（28歳）／175cm・82kg／B型／右投右打／6年目／
沖縄県／興南高-立教大-オリックス（ドラフト3巡目・16〜）

[初出場] 2016.4.3（京セラドーム大阪）対ロッテ3回戦　先発遊撃手
[初安打] 2016.4.3（京セラドーム大阪）対ロッテ3回戦　7回左安打（スタンリッジ）
[初本塁打] 2017.7.17（ZOZOマリン）対ロッテ15回戦　9回（内）
[初打点] 2016.6.25（ほっと神戸）対日本ハム8回戦　2回（有原）

打撃を磨いてキャリアハイを

昨季は彼本来の強みである打撃面で苦しんだ。「開
幕から調子が上がらず、チームに貢献できなかった」と
反省の言葉も。ただ、彼の強みは卓越したバットコントロー
ルの良さであり、打撃がウィークポイントの選手ではない。
「今季は何としても、打率も出塁率も上げて、キャリアハ
イを目指したい」と誓う。そんな彼が一躍、注目を浴びた
のが守備でのポジショニングだ。打者の傾向、投手との
兼ね合い、球場の環境を考慮して、彼自身の判断で敷い
たシフトが幾度となくチームを救ったのは事実。守りに
おける、彼独自の位置取りにも注目してほしい。

公式戦個人年度別成績

年度	所属球団	試合	打数	安打	本塁打	打点	盗塁	打率
16	オリックス	64	161	36	0	7	1	.224
17	オリックス	122	345	85	2	21	7	.246
18	オリックス	128	377	87	4	28	15	.231
19	オリックス	91	302	79	3	28	11	.262
20	オリックス	94	251	52	1	14	7	.207
通算	5年	499	1436	339	10	98	41	.236

二軍公式戦個人年度別成績

年度	所属球団	試合	打数	安打	本塁打	打点	盗塁	打率
16	オリックス	35	122	35	0	9	5	.287
17	オリックス	5	21	6	0	1	0	.286
19	オリックス	1	3	2	0	2	0	.667
20	オリックス	3	9	4	0	1	1	.444
通算	4年	44	155	47	0	13	6	.303

これからもバファローズのことを 応援よろしくお願いします

Q&A　　Ohshiro Koji

①守備②コージ③つり④飲みすぎ注意⑤Yogibo⑦黄色
⑧かりゆし58⑨妻⑪小学1年生⑭全力で取り組んで!!
⑮レギュラーを取る

内野手　KUREBAYASHI KOTARO

24

紅林 弘太郎

2002年2月7日(19歳)／186cm・94kg／B型／右投右打／
2年目／静岡県／駿河総合高-オリックス(ドラフト2巡目・20〜)

［初出場］2020.11.3(京セラドーム大阪)対楽天22回戦　先発遊撃手
［初安打］2020.11.3(京セラドーム大阪)対楽天22回戦　2回中安打(則本)
［初打点］2020.11.4(京セラドーム大阪)対楽天23回戦　2回(涌井)

2年目の成長に期待

　ファームでは全試合に出場、一軍のデビュー戦(11月3日@京セラ)では初打席初安打、翌日にはプロ初打点を挙げるなど、高卒新人としては期待以上の成績だと言っていい。ただ、長いシーズンの途中で疲れを感じた時期もあったという。シーズンをフルパワーで完走する体力を蓄え、期待の大型内野手が更なる進化を遂げる。

■ 公式戦個人年度別成績

年度	所属球団	試合	打数	安打	本塁打	打点	盗塁	打率
2020	オリックス	5	17	4	0	2	0	.235
通算	1年	5	17	4	0	2	0	.235

■ 二軍公式戦個人年度別成績

年度	所属球団	試合	打数	安打	本塁打	打点	盗塁	打率
2020	オリックス	86	309	68	1	20	1	.220
通算	1年	86	309	68	1	20	1	.220

温かい声援ありがとうございます

Q&A　Kurebayashi Kotaro

①肩②べに③釣り④時間にルーズ⑤犬⑥すんごい食べる⑦赤⑧TWICE⑨髪の長い女性⑪小学2年生⑫甘い物を食べる⑬キリン⑭野球を楽しもう⑮一軍定着

内野手　OHTA RYO

31

太田 椋

2001年2月14日(20歳)／181cm・81kg／B型／右投右打／
3年目／大阪府／天理高-オリックス(ドラフト1巡目・19〜)

［初出場］2019.9.14(京セラドーム大阪)対楽天23回戦　先発遊撃手
［初安打］2020.7.16(京セラドーム大阪)対ソフトバンク3回戦　3回本塁打(バンデンハーク)
［初本塁打］2020.7.16(京セラドーム大阪)対ソフトバンク3回戦　3回(バンデンハーク)
［初打点］2020.7.16(京セラドーム大阪)対ソフトバンク3回戦　3回(バンデンハーク)

開花待たれるプロスペクト

　ルーキーイヤーで果たせなかったプロ初安打は昨季の初打席(7月16日@京セラ)に訪れた。バンデンハーク(元ソフトバンク)のストレートをセンターバックスクリーンに運ぶ一発。そう、彼の最大の魅力は長打。今季のテーマは「狙い球を一球で仕留めること！」打撃の精度を上げ、ケガ無くシーズンを駆け抜けてほしい！

■ 公式戦個人年度別成績

年度	所属球団	試合	打数	安打	本塁打	打点	盗塁	打率
2019	オリックス	6	13	0	0	0	0	.000
2020	オリックス	20	54	14	3	5	0	.259
通算	2年	26	67	14	3	5	0	.209

■ 二軍公式戦個人年度別成績

年度	所属球団	試合	打数	安打	本塁打	打点	盗塁	打率
2019	オリックス	64	233	60	6	21	4	.258
2020	オリックス	40	144	35	3	14	0	.243
通算	2年	104	377	95	9	35	4	.252

応援ありがとうございます

Q&A　Ohta Ryo

①全力プレー②りょう③甘い物④虫が苦手⑤お笑い⑥どこでも寝れる⑦紫⑧ベリーグッドマン⑨気遣いできる人⑩食後はデザート！⑪小学3年生⑫美味しい焼肉⑬ナマケモノ⑭野球を楽しもう⑮レギュラー奪取

野手　**YAMAASHI TATSUYA**

36
山足 達也

1993年10月26日(28歳)／174cm・76kg／AB型／右投右打／
年目／大阪府／大阪桐蔭高-立命館大-Honda鈴鹿-オリックス
(ドラフト8巡目・18〜)

初出場] 2018.3.30(ヤフオクドーム)対ソフトバンク1回戦　先発二塁手
初安打] 2018.3.30(ヤフオクドーム)対ソフトバンク1回戦　1回中安打(千賀)
本塁打] 2018.9.7(ヤフオクドーム)対ソフトバンク19回戦　3回(千賀)
打点] 2018.5.8(京セラドーム大阪)対日本ハム6回戦　2回(マルティネス)

二遊間のレギュラー獲りへ

昨季はほぼフルシーズン、一軍に帯同。自己最多の63試合
出場した。守っては内野の4ポジションで無失策と、成果のあ
シーズンだった。「課題は打撃。調子の波をなくして、出塁率
高めたい」と、抱負を口に。福良GM曰く「小技だけではなく、
力がある選手」。スピード＆パワーで、二遊間の定位置争いに
乗りを！

公式戦個人年度別成績

度	所属球団	試合	打数	安打	本塁打	打点	盗塁	打率
018	オリックス	25	60	10	1	7	2	.167
19	オリックス	28	61	10	1	8	0	.164
20	オリックス	63	96	21	1	5	3	.219
算	3年	116	217	41	3	20	5	.189

二軍公式戦個人年度別成績

度	所属球団	試合	打数	安打	本塁打	打点	盗塁	打率
18	オリックス	43	156	47	3	13	7	.301
19	オリックス	58	179	42	3	24	5	.235
20	オリックス	3	5	0	0	0	0	.000
算	3年	104	340	89	6	37	12	.262

応援ありがとうございます！

Q&A　Yamaashi Tatsuya

①ハッスルプレー②たつ③スニーカー④虫が苦手⑤ドラマ
⑥人を楽しませる⑦赤⑧ONE OK ROCK⑨きれいな人
⑩パスタ⑪小学1年生⑫たまにの外食⑬猿⑭野球を楽しん
で⑮全力プレー

日々成長

野手　**OHSHITA SEIICHIRO**

40
大下 誠一郎

07年11月3日(24歳)／171cm・89kg／AB型／右投右打／
目／福岡県／白鷗大足利高-白鷗大-オリックス(ドラフト育成
目・20〜)

出場] 2020.9.15(ほっと神戸)対楽天13回戦　先発三塁手
安打] 2020.9.15(ほっと神戸)対楽天13回戦　2回本塁打(辛島)
塁打] 2020.9.15(ほっと神戸)対楽天13回戦　2回(辛島)
打点] 2020.9.15(ほっと神戸)対楽天13回戦　2回(辛島)

ギュラー目指すチームの"声"

配下登録直後のプロ初打席(9月15日＠神戸)でホームラ
放ちと派手過ぎるデビューだった。打率以上に勝負強さを感
る存在感も大きな強み。球場内にこだまする大声はチー
枠を越えて、もはや球界の名物に。ヤンチャな感じもこの
ムには新鮮に映る。「レギュラーを取る」決意も新たに勝負
む。

公式戦個人年度別成績

度	所属球団	試合	打数	安打	本塁打	打点	盗塁	打率
0	オリックス	32	88	19	2	9	0	.216
	1年	32	88	19	2	9	0	.216

二軍公式戦個人年度別成績

度	所属球団	試合	打数	安打	本塁打	打点	盗塁	打率
0	オリックス	58	178	39	2	21	1	.219
	1年	58	178	39	2	21	1	.219

**ファンのみんなの声援が
力になっとるばい！！**

Q&A　Ohshita Seiichiro

①フルスイング②誠一郎③野球⑤YouTube⑥声がでかい
⑦ピンク、黄色⑧嶋大輔⑨身長が小さく、笑顔がかわい
い人⑩気持ちは誰にも負けない⑪小学1年生⑬ライオン
⑭練習あるのみ⑮レギュラーを取る

日本一

53

宜保 翔

2000年11月26日（21歳）／176cm・75kg／O型／右投左打／3年目／沖縄県／KBC学園未来高沖縄-オリックス（ドラフト5巡目・19～）

［初出場］2019.9.6（札幌ドーム）対日本ハム20回戦 先発遊撃手
［初安打］2019.9.23（京セラドーム大阪）対ソフトバンク23回戦 3回左中二（高橋礼）
［初打点］2020.9.20（京セラドーム大阪）対西武18回戦 3回（松本）

激戦区の二遊間で勝負する

　飛躍を期して臨んだ2年目も、シーズン直前の故障（右手有鉤骨疲労骨折）で出遅れて悔しいものに。柔らかいバットコントロールの良さは天性のもの。「その部分を損なうことなくパワーもつけたい」と、今季の主戦場を一軍に定めてレベルアップを図ってきた。「自信がある二遊間で勝負したい」と、激戦区を戦い抜く構えだ。

みなさんの声援に全力プレーで応えます！

Q&A　Gibo Sho

①積極性②ギボンヌ③夜景を見ること④人の名前を覚えるのが苦手⑤沖縄の海⑥鉄棒が得意⑦みどり⑧¥ellow bucks⑨オーバーオールを着てる人⑩毎朝たまごかけごはん⑪小学2年生⑫移動中にスタバ⑬猿⑭フルスイング、全力疾走、全力投球⑮球場を沸かせる

■ 公式戦個人年度別成績

年度	所属球団	試合	打数	安打	本塁打	打点	盗塁	打率
2019	オリックス	8	26	6	0	0	0	.231
2020	オリックス	10	17	2	0	2	0	.118
通算	2年	18	43	8	0	2	0	.186

■ 二軍公式戦個人年度別成績

年度	所属球団	試合	打数	安打	本塁打	打点	盗塁	打率
2019	オリックス	111	375	85	0	20	13	.227
2020	オリックス	41	78	17	0	7	2	.218
通算	2年	152	453	102	0	27	15	.225

64

廣澤 伸哉

1999年8月11日（22歳）／175cm・74kg／B型／右投右打／4年目／大分県／大分商高-オリックス（ドラフト7巡目・18～）

［初出場］2020.6.19（京セラドーム大阪）対楽天1回戦 9回遊撃手
［初安打］2020.6.25（ZOZOマリン）対ロッテ3回戦 5回遊安打（岩下）

一軍の経験を糧に、さらに上を

　開幕を一軍で迎えた昨季は、貴重な経験を積むことができた。自らの可能性を再認識できたのはもちろんだが、同時に見えてきた課題もあった。「力負けしない体づくり」でシーズンを通して、高いパフォーマンスを維持したい。一軍でのプレーで、野球選手としての視野は確実に広がった。経験は大きな力。一軍定着を目指す。

■ 公式戦個人年度別成績

年度	所属球団	試合	打数	安打	本塁打	打点	盗塁	打率
2020	オリックス	23	19	3	0	0	0	.158
通算	1年	23	19	3	0	0	0	.158

■ 二軍公式戦個人年度別成績

年度	所属球団	試合	打数	安打	本塁打	打点	盗塁	打率
2018	オリックス	60	141	25	0	10	0	.177
2019	オリックス	90	153	24	0	6	5	.157
2020	オリックス	52	115	26	1	9	9	.226
通算	3年	202	409	75	1	25	14	.183

いつも応援ありがとうございます

Q&A　Hirosawa Shinya

①守備②シンヤ③海外ドラマ④人見知り⑤お風呂⑥大きなケガがない⑦白⑧SHE'S⑨優しい人⑩くつは右から⑪小学2年生⑫甘い物⑬猫⑭楽しんで！⑮一軍で活躍する！

67

中川 圭太

996年4月12日(25歳)／180cm・76kg／B型／右投右打／
年目／大阪府／PL学園高-東洋大-オリックス(ドラフト7巡目・
9～)

[初出場] 2019.4.20(楽天生命パーク)対楽天5回戦 9回代打
[初安打] 2019.4.24(ヤフオクドーム)対ソフトバンク5回戦 3回右安打(武田)
[初本塁打] 2019.5.10(ほっと神戸)対楽天7回戦 5回(美馬)
[初打点] 2019.4.24(ヤフオクドーム)対ソフトバンク5回戦 9回(森)

無敵の圭太" 復活で目標3割

シーズン直前、練習試合での死球で、右人差し指の裂傷。開
には間に合うも、本来の調子には戻らなかった。ファームでは
軸を任され、その活躍を知る中嶋監督代行(当時)から、"無
の中川"と称されて、一軍でも4番を任されるも……。「実力不
でした」と、悔しい思いを口にして、出直しを決意。目指すは
率3割だ。

公式戦個人年度別成績

度	所属球団	試合	打数	安打	本塁打	打点	盗塁	打率
019	オリックス	111	364	105	3	32	9	.288
020	オリックス	45	144	21	2	13	3	.146
算		156	508	126	5	45	12	.248

二軍公式戦個人年度別成績

度	所属球団	試合	打数	安打	本塁打	打点	盗塁	打率
019	オリックス	22	82	24	2	17	8	.293
020	オリックス	39	135	45	5	33	3	.333
算	2年	61	217	69	7	50	11	.318

ありがとう

Q&A   Nakagawa Keita

①バッティング②圭太③K-POP⑤愛犬⑦ゴールド
⑧BTS⑨よく笑う人⑪小学1年生⑭楽しんでやる
こと⑮勝つためにやるだけ!!

120

岡﨑 大輔

年9月17日(23歳)／182cm・78kg／AB型／右投左打／
／埼玉県／花咲徳栄高-オリックス(ドラフト3巡目・17～)

[初出場] 2017.10.3(札幌ドーム)対日本ハム24回戦 8回代走
[初安打] 2017.10.7(京セラドーム大阪)対楽天25回戦 3回中安打(藤平)
[初打点] 2017.10.9(ZOZOマリン)対ロッテ25回戦 2回(酒居)

配下返り咲きへ

ァームで内野全ポジションをこなしたユーティリティープレー
。その中で記録した無失策は素晴らしいもの。打撃面にお
も、「打球の質や打席の内容に手応えを感じることがありま
」と自身も成長も実感した。野球への取り組みや練習姿勢
もが評価するところ。支配下への返り咲きに向け、毎日が
ールだ。

全力で頑張ります。
応援よろしくお願いします

Q&A   Okazaki Daisuke

②ザキ③ゴルフ⑤相席食堂⑦青⑧RADWIMPS
⑪小学1年生⑭『今』を大切に⑮支配下返り咲き

公式戦個人年度別成績

年度	所属球団	試合	打数	安打	本塁打	打点	盗塁	打率
2017	オリックス	5	14	2	0	1	0	.143
通算	1年	5	14	2	0	1	0	.143

二軍公式戦個人年度別成績

年度	所属球団	試合	打数	安打	本塁打	打点	盗塁	打率
2017	オリックス	80	199	31	0	7	3	.156
2018	オリックス	82	256	59	1	16	0	.230
2019	オリックス	75	118	27	0	9	1	.229
2020	オリックス	46	62	14	0	3	3	.226
通算	4年	283	635	131	1	35	7	.206

1
スティーブン・モヤ

1991年8月9日（30歳）／201cm・117kg／右投左打／4年目／プエルトリコ／セナベック高-デトロイト・タイガース（08〜17）-中日（18〜19途）-オリックス（19途〜）

［初出場］2018.4.20（ナゴヤドーム）対広島4回戦　先発一塁手
［初安打］2018.4.20（ナゴヤドーム）対広島4回戦　3回右安打（野村）
［初本塁打］2018.4.21（ナゴヤドーム）対広島5回戦　8回（ジャクソン）
［初打点］2018.4.20（ナゴヤドーム）対広島4回戦　3回（野村）

来日4年目の爆発に期待

　外国人登録枠に阻まれて、昨季前半はファーム暮らしの日々。それでも腐らず、モチベーションを維持しながら出番を待ち続けた。2度目の昇格となった9月17日以降の39試合で残した数字は12HR、35打点。フルシーズン（120試合）に換算したならば、37HR、107打点なのだから、その数字にワクワク感は隠せない。助っ人の来日はなんと新年早々の1月3日。新型コロナ対策での待機期間を見越しての行動であろうが、その姿勢が頼もしい。来日4年目、日本の野球や文化を楽しむ優良外国人のジャパニーズドリームを応援したい。

■ 公式戦個人年度別成績

年度	所属球団	試合	打数	安打	本塁打	打点	盗塁	打率
2018	中　日	46	93	28	3	16	0	.301
2019	中　日	7	22	5	1	3	0	.227
2019	オリックス	64	242	59	10	35	0	.244
2020	オリックス	46	164	45	12	38	0	.274
通算	3年	163	521	137	26	92	0	.263

■ 二軍公式戦個人年度別成績

年度	所属球団	試合	打数	安打	本塁打	打点	盗塁	打率
2018	中　日	28	102	30	3	15	1	.294
2019	中　日	56	203	64	12	36	0	.315
2020	オリックス	33	92	26	5	12	0	.283
通算	3年	117	397	120	20	63	1	.302

Let's Go Buffaloes!
みんなで勝ちましょう！

Q&A　　Steven Moya

②モー、モーさん③新しいスキルを身に着けること④歌を歌うこと⑤お祈り⑦ネイビー⑧Tauren Wells⑩こだわりは自分がやりたいこと全てを上手に出来るようにしたい⑫電気製品⑬ライオン⑮オリックスに優勝をもたらすこと

6
宗 佑磨

年6月7日（25歳）／181cm・83kg／B型／右投左打／
東京都／横浜隼人高-オリックス（ドラフト2巡目・15〜）

［場］2016.9.18（ヤフオクドーム）対ソフトバンク24回戦　先発遊撃手
［打］2017.9.27（京セラドーム大阪）対日本ハム23回戦　5回左安打（斎藤）
［打］2018.4.30（京セラドーム大阪）対ソフトバンク6回戦　1回（中田）
［点］2018.4.3（京セラドーム大阪）対ロッテ1回戦　5回（石川）

～ポテンシャルを生かして！

～潜在能力がそのまま成績に反映されないジレンマも。本人
～いや割り切れない部分もあって、持ち味を出せなかった」と
～。オフは体幹や体の使い方など、フィジカル強化でシーズン
～てきた。外野全ポジションとサードを守れるユーティリティー
～魅力十分。豊かなポテンシャルを思う存分発揮して欲しい。

いつも応援ありがとうございます！その声が力になります！

Q&A　Mune Yuma

②宗リン③ギターをやり始めました！④超面倒くさがり
⑤音楽を聴くこと、映画を観ること、犬の動画を見ること
⑦黒と黄色⑧藤井風⑨何事にも前向きな女性（ポジ
ティブな女性）⑩自分で決めたことはやり通す⑪小学
3年生⑫休み前位にテレビを見ながら飲むチューハイ、
相席食堂⑬犬⑭明るく、楽しく、朗らかに！⑮出続ける！

■ 公式戦個人年度別成績

年度	所属球団	試合	打数	安打	本塁打	打点	盗塁	打率
2016	オリックス	3	4	0	0	0	0	.000
2017	オリックス	10	22	4	0	0	0	.182
2018	オリックス	74	266	62	5	22	3	.233
2019	オリックス	54	148	40	2	14	7	.270
2020	オリックス	72	182	41	1	9	5	.225
通算	5年	213	622	147	8	45	15	.236

■ 二軍公式戦個人年度別成績

年度	所属球団	試合	打数	安打	本塁打	打点	盗塁	打率
2015	オリックス	16	21	7	0	1	0	.333
2016	オリックス	60	125	34	3	12	3	.272
2017	オリックス	104	383	107	1	34	8	.279
2018	オリックス	23	84	20	0	10	2	.238
2019	オリックス	48	154	41	1	25	8	.266
2020	オリックス	17	61	17	0	9	0	.279
通算	6年	268	828	226	5	91	21	.273

8
後藤 駿太

年3月5日（28歳）／180cm・83kg／A型／右投左打／
群馬県／前橋商高-オリックス（ドラフト1巡目・11〜）

［場］2011.4.12（京セラドーム大阪）対ソフトバンク1回戦　先発右翼手
［打］2011.4.20（ほっと神戸）対日本ハム2回戦　3回中安打（ウルフ）
［打］2013.6.30（京セラドーム大阪）対楽天10回戦　1回（ダックワース）
［点］2011.4.20（ほっと神戸）対日本ハム2回戦　9回（林）

～バイバルへ背水の覚悟

～躍を期した10年目のシーズンは「何もできませんでした」と、
～吐露。悔しさ以外、何も残らなかった。「課題は打撃」と
～の言葉通り、あとは"そこ"だけ。脚力、肩を活かした守備
～口の世界でも「超」がつく一級品であることは周知の事実。
～を見つめ直して」迎える今季、駿太の覚悟を見届けよう！

2021 もよろしくです

Q&A　Gotoh Shunta

①全力②しゅんた④マイペース⑤息子たち⑦黄色系
⑧みんな！⑨優しい人⑩試合前のコーヒー⑪小学
1年生⑬ペガサス⑭やるしかない⑮やるしかない

■ 公式戦個人年度別成績

年度	所属球団	試合	打数	安打	本塁打	打点	盗塁	打率
2011	オリックス	30	40	4	0	1	0	.100
2012	オリックス	32	29	4	0	0	0	.138
2013	オリックス	117	201	40	3	12	4	.199
2014	オリックス	127	246	69	5	30	5	.280
2015	オリックス	135	334	78	2	31	8	.234
2016	オリックス	105	214	41	1	9	3	.192
2017	オリックス	129	296	71	2	27	4	.240
2018	オリックス	33	37	8	0	4	2	.216
2019	オリックス	91	165	37	1	22	4	.224
2020	オリックス	23	50	6	0	1	2	.120
通算	10年	822	1612	358	14	137	32	.222

■ 二軍公式戦個人年度別成績

年度	所属球団	試合	打数	安打	本塁打	打点	盗塁	打率
2011	オリックス	57	213	47	1	13	2	.221
2012	オリックス	44	157	43	0	17	4	.274
2013	オリックス	13	44	13	0	1	0	.295
2014	オリックス	9	34	12	1	2	2	.353
2015	オリックス	4	16	4	0	0	2	.250
2016	オリックス	20	71	18	0	3	5	.254
2017	オリックス	6	20	3	0	2	1	.150
2018	オリックス	64	172	28	1	7	1	.163
2019	オリックス	19	51	9	0	1	2	.176
2020	オリックス	63	153	37	5	17	5	.242
通算	10年	299	931	214	7	73	22	.230

外野手　ADAM JONES

10
アダム・ジョーンズ

1985年8月1日（36歳）／188cm・98kg／右投右打／2年目／アメリカ／
サミュエル・モールス高-シアトル・マリナーズ（03〜07）-ボルティモア・オリオー
ルズ（08〜18）-アリゾナ・ダイヤモンドバックス（19）-オリックス（20〜）

［初出場］2020.6.19（京セラドーム大阪）対楽天1回戦　先発右翼手
［初安打］2020.6.20（京セラドーム大阪）対楽天2回戦　3回左安打（松井）
［初本塁打］2020.6.23（ZOZOマリン）対ロッテ1回戦　5回（二木）
［初打点］2020.6.23（ZOZOマリン）対ロッテ1回戦　5回（二木）

2年目の本物の本気

　5ツール（ミート力、長打力、走力、守備力、送球力）を
兼ね備えた現役メジャーリーガーに寄せられた期待は大
きかった。"ホンモノ"がチームに注ぎ込む力を誰もが信じ
ていた。しかし、新しい環境、異国の文化に慣れるには
時間を要するのは道理であり、我々は彼に求め過ぎてい
たのかもしれない。不幸にも、下半身のコンディション
不良も重なって、日本球界1年目に芳しい数字を残すこ
とはできなかった。それでも、随所に見られた"片鱗"には
"さすが！"と思わせるものも。今季、外国人の競争は
横一線。"ホンモノ"の真剣勝負が楽しみだ。

■ 公式戦個人年度別成績

年度	所属球団	試合	打数	安打	本塁打	打点	盗塁	打率
2020	オリックス	87	302	78	12	43	1	.258
通算	1年	87	302	78	12	43	1	.258

**いつも応援ありがとうございます。
今年は絶対に優勝しましょう！**

Q&A　　Adam Jones

①15年間高いレベルでプレーすることが出来ているところ
②ジョンジーさん③妻と子どもたちと旅行をすることが趣味
④我慢をすることが苦手。何事も、今すぐ！となってしまう。
これを直そう努めている⑤幸せな妻と子どもたちの様子
を見ること⑥健康で有ることが自身の自慢⑦赤色⑧プリンス
⑩家族や友人と良い時間を過ごすこと⑫フローズンヨーグルト
⑬ライオン⑮チームに優勝をもたらすこと

野手　NISHIMURA RYO

25
西村 凌

1996年2月21日(25歳)／178cm·84kg／O型／右投右打／
...年目／滋賀県／青森山田高-SUBARU-オリックス(ドラフト5巡
18〜)

[初出場] 2018.5.29(ナゴヤドーム)対中日1回戦　4回中堅手
[初安打] 2018.5.29(ナゴヤドーム)対中日1回戦　6回中安打(福谷)
[初本塁打] 2018.6.8(神宮)対ヤクルト1回戦　3回(ハフ)
[初打点] 2018.5.29(ナゴヤドーム)対中日1回戦　6回(福谷)

エイトでパワーアップ

「不甲斐ない結果」と、強みであるはずの打撃でアピールでき
ないジレンマはある。ここまで取り組んできた方向性に間違いは
ないとの思いは強い半面、何かを変えなければならないという気
持ちも。そこで重点的に取り組んだのがウエイト。全体的なパワー
アップを図ったわけだ。打撃で勝負。そのスタイルは不変だ。

公式戦個人年度別成績

年度	所属球団	試合	打数	安打	本塁打	打点	盗塁	打率
18	オリックス	31	88	17	2	8	2	.193
19	オリックス	19	49	13	2	4	2	.265
20	オリックス	29	62	10	1	3	2	.161
通算	3年	79	199	40	5	15	6	.201

二軍公式戦個人年度別成績

年度	所属球団	試合	打数	安打	本塁打	打点	盗塁	打率
18	オリックス	65	224	69	4	25	4	.308
19	オリックス	76	217	51	3	17	3	.235
20	オリックス	36	112	33	2	13	1	.295
通算	3年	177	553	153	9	55	8	.277

いつもありがとうございます。
もっともっと頑張ります

Q&A　Nishimura Ryo

①全力プレー②ムー③読書④物忘れ⑤犬⑥雨男
⑦青⑧山崎育三郎⑨よく笑う人⑩くつ下は右足
から⑪小学4年生⑫ステーキを食べる⑬犬⑭頑張
れ!!⑮ブレない

34

吉田 正尚

1993年7月15日（28歳）／173cm・85kg／B型／右投左打／6年目／
福井県／敦賀気比高-青山学院大-オリックス（ドラフト1巡目・16〜）

［初出場］2016.3.25（西武プリンス）対西武1回戦　先発指名打者
［初安打］2016.3.25（西武プリンス）対西武1回戦　7回左安打（郭）
［初本塁打］2016.8.18（札幌ドーム）対日本ハム18回戦　3回（増井）
［初打点］2016.3.29（札幌ドーム）対日本ハム1回戦　6回（吉川）

≪タイトル≫ 首位打者（20）
≪表 彰≫ ベストナイン＜外＞（18、19、20）

不動の主砲がチームを牽引

　高いレベルの競争を制して、首位打者に。このタイトル獲得はオリックスの生え抜き選手でいえば、2000年のイチロー以来20年ぶりの快挙だ。打率の高さ（.350）もさることながら、特筆すべきは三振の少なさ。29個の三振は17打席に1個の割合だ。さらに、2ストライクと追い込まれてからの打率も.302と、相手投手からすれば厄介だ。6年目の今季は選手会長に就任、チームをまとめる役割も託された。「僕自身、Aクラスの経験がまだない。なんとか強いチームに」と、今季も何らかのタイトルを狙いつつ、チームを牽引する。

■公式戦個人年度別成績

年度	所属球団	試合	打数	安打	本塁打	打点	盗塁	打率
2016	オリックス	63	231	67	10	34	0	.290
2017	オリックス	64	228	71	12	38	1	.311
2018	オリックス	143	514	165	26	86	3	.321
2019	オリックス	143	521	168	29	85	5	.322
2020	オリックス	120	408	143	14	64	8	.350
通算	5年	533	1902	614	91	307	17	.323

■二軍公式戦個人年度別成績

年度	所属球団	試合	打数	安打	本塁打	打点	盗塁	打率
2016	オリックス	10	33	11	1	4	0	.333
2017	オリックス	5	14	3	1	2	0	.214
通算	2年	15	47	14	2	6	0	.298

一緒に闘いましょう！！

Q&A　Yoshida Masataka

①肌つや②任せます③するめ④物忘れ⑤ペット⑥両手ますかけ⑦金色⑧気分上がる曲⑨優しい人⑩マイペース⑪年長さん⑫高いものを食べる、買う⑬ノズパス（ポケットモンスター）⑭ファイト!! グットラック⑮打撃タイトル

野手　SANO KODAI

41
佐野 皓大

996年9月2日(25歳)／182cm·73kg／A型／右投両打／
年目／大分県／大分高-オリックス(ドラフト3巡目·15～)

[初出場] 2018.10.5(京セラドーム大阪)対ソフトバンク25回戦　8回代走
[初安打] 2019.4.2(京セラドーム大阪)対ソフトバンク1回戦　9回右安打(川原)
[初本塁打] 2019.7.6(ほっと神戸)対ソフトバンク14回戦　5回(大竹)
[初打点] 2019.4.27(京セラドーム大阪)対西武4回戦　6回(野田)

慢の脚力でレギュラー奪取

最大の武器はその脚力。昨季は目標としていた20盗塁をクリアしたが、目指す先はそこではない。一旦は封印していた左打ちにも再挑戦、体力強化を図りながら、スイッチヒッターとしての力を目指す。「今季はレギュラー奪取。出塁率4割、40盗塁目標です」と、頼もしい。狙うは、不動のリードオフマンだ。

昨年も応援ありがとうございました。
今年は絶対に優勝するので
応援お願いします

Q&A　Sano Kodai

①足、スピード②皓大③スニーカー④せっかち⑤ペット、娘⑦オレンジ、青⑧WANIMA⑨優しくて笑顔の人⑩スニーカー⑪小学4年生⑫スニーカーを買う⑭楽しんで野球をしてほしい⑮レギュラー定着

■ 公式戦個人年度別成績

年度	所属球団	試合	打数	安打	本塁打	打点	盗塁	打率
2018	オリックス	1	0	0	0	0	0	－
2019	オリックス	68	121	25	1	9	12	.207
2020	オリックス	77	140	30	0	3	20	.214
通算	3年	146	261	55	1	12	32	.211

■ 二軍公式戦個人年度別成績

年度	所属球団	試合	打数	安打	本塁打	打点	盗塁	打率
2015	オリックス	17	0	0	0	0	0	－
2016	オリックス	20	0	0	0	0	0	－
2017	オリックス	6	0	0	0	0	0	－
2018	オリックス	72	175	32	1	4	6	.183
2019	オリックス	21	84	24	1	8	9	.286
2020	オリックス	12	50	11	1	4	2	.220
通算	6年	148	309	67	3	16	17	.217

外野手 ODA YUYA

50
小田 裕也

1989年11月4日（32歳）／172cm・75kg／O型／右投左打／7年目／
熊本県／九州学院高-東洋大-日本生命-オリックス（ドラフト8巡目・15〜）

[初出場] 2015.8.5（QVCマリン）対ロッテ15回戦　先発右翼手
[初安打] 2015.8.5（QVCマリン）対ロッテ15回戦　3回右安打（イ・デウン）
[初本塁打] 2015.8.12（ヤフオクドーム）対ソフトバンク18回戦　3回（中田）
[初打点] 2015.8.12（ヤフオクドーム）対ソフトバンク18回戦　3回（中田）

勝つためのプレーで貢献

　昨季はキャリア2番目の出場試合数（87試合）を記録。代走や守備固めといったバイプレーヤーとして、渋い働きぶりで存在感を示したが、本来はその役割だけで終わる選手ではない。そう、主役の座だって狙える選手なのだ。とにかく、野球に取り組む姿勢が素晴らしい。過去のキャンプを顧みれば、彼に休日はなかった。ひたすらバットを振り込んで、自らの課題と向き合ってきた。
　「チームの勝利が最優先。勝たないと」と、もはやチームの中堅となった立場での発言が頼もしい。誰もが認めるイケメンが今季も与えられた役割を粛々とこなす。

■ 公式戦個人年度別成績

年度	所属球団	試合	打数	安打	本塁打	打点	盗塁	打率
2015	オリックス	31	89	29	2	6	6	.326
2016	オリックス	78	51	7	0	3	4	.137
2017	オリックス	43	17	1	0	0	0	.059
2018	オリックス	90	143	41	2	15	10	.287
2019	オリックス	82	180	37	3	21	9	.206
2020	オリックス	87	88	21	1	7	4	.239
通算	6年	411	568	136	8	52	33	.239

■ 二軍公式戦個人年度別成績

年度	所属球団	試合	打数	安打	本塁打	打点	盗塁	打率
2015	オリックス	66	138	33	1	15	4	.239
2016	オリックス	13	40	9	0	2	1	.225
2017	オリックス	56	170	38	0	19	4	.224
2018	オリックス	9	22	5	0	1	1	.227
2019	オリックス	8	22	2	0	1	0	.091
通算	5年	152	392	87	1	38	10	.222

いつも応援ありがとうございます

Q&A Oda Yuya

①全部②おだゆ③服、スニーカー⑤家族⑦白、赤⑧BTS⑨清潔感のある女性⑩苦手なことから済ませる（物事、食事など）⑪小学3年生⑬猫⑭今を大切に⑮全力プレー

55
T-岡田

38年2月9日(33歳)／187cm・100kg／B型／左投左打／16年目／阪府／履正社高-オリックス（高ドラフト1巡目・06～）

[出場] 2006.8.10(京セラドーム大阪)対西武15回戦　6回右翼手
[安打] 2006.8.18(スカイマーク)対楽天14回戦　6回左安打(山村)
[本塁打] 2009.8.14(スカイマーク)対ソフトバンク15回戦　5回(ジャマーノ)
[打点] 2009.5.20(京セラドーム大阪)対広島2回戦　8回(林)

タイトル≫　本塁打王(10)
記録≫　ベストナイン<外>(10)、ゴールデングラブ賞<ー>(14)

砲炸裂でチームに勝利を

2020年シーズンは先発で全打順に起用され、9月26
日本ハム戦（@京セラ）では、スタメン3番でのホー
ンを記録し、プロ12人目の全打順ホームランを完成
た。「最低限の仕事はできましたが、満足はしてい
ん」と、勝てなかったシーズンを振り返った。何番を
うが、不思議なことに彼の打席にチャンスが巡ってく
そう、やはり彼は"もっている"のだ。"スター"だと言っ
いだろう。誰もが期待するのはここ一番でのクラッ
ト。浪速の豪砲が炸裂し、その咆哮が轟く時、チー
勝利は確かなものになる。

一軍公式戦個人年度別成績

所属球団	試合	打数	安打	本塁打	打点	盗塁	打率
オリックス	3	6	1	0	0	0	.167
オリックス	43	139	22	7	13	0	.158
オリックス	129	461	131	33	96	0	.284
オリックス	134	492	128	16	85	4	.260
オリックス	103	378	106	10	56	4	.222
オリックス	58	189	42	4	18	2	.222
オリックス	130	472	127	24	75	4	.269
オリックス	105	389	109	11	51	2	.280
オリックス	123	454	129	20	76	5	.284
オリックス	143	504	134	31	68	2	.266
オリックス	97	298	67	13	43	2	.225
オリックス	20	50	6	1	2	0	.120
オリックス	100	328	84	16	55	5	.256
13年	1188	4160	1086	186	638	30	.261

二軍公式戦個人年度別成績

所属球団	試合	打数	安打	本塁打	打点	盗塁	打率
サーパス	82	298	73	5	27	6	.245
サーパス	68	236	58	4	25	2	.246
サーパス	83	264	57	5	28	2	.216
オリックス	65	258	76	21	59	2	.295
オリックス	5	20	6	1	1	0	.300
オリックス	5	17	3	1	2	0	.176
オリックス	32	125	43	4	24	1	.344
オリックス	8	29	7	1	4	0	.241
オリックス	12	41	10	0	3	0	.244
オリックス	8	29	6	2	5	0	.207
オリックス	9	30	5	1	1	0	.167
オリックス	34	99	21	3	13	1	.212
12年	411	1446	365	48	192	14	.252

精進

いつも応援ありがとうございます
Q&A　T-Okada
①全部②T③スニーカー④息子に甘い⑤息子⑦白⑧ベリーグッドマン⑨妻⑪小学3年生⑫Starbucks Coffee⑬カバ⑭野球を楽しもう！⑮キャリアハイ

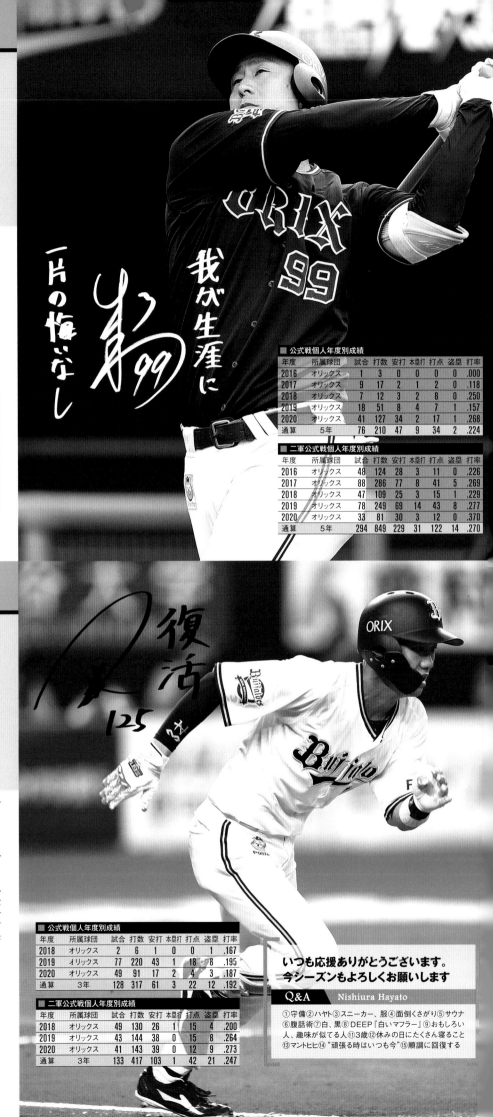

外野手 SUGIMOTO YUTARO

99

杉本 裕太郎

1991年4月5日(30歳)／190cm・104kg／B型／右投右打／
6年目／徳島県／徳島商高-青山学院大-JR西日本-オリックス
(ドラフト10巡目・16〜)

[初出場] 2016.6.14(甲子園)対阪神1回戦　先発中堅手
[初安打] 2017.9.9(koboパーク)対楽天21回戦　1回中本打(辛島)
[初本塁打] 2017.9.9(koboパーク)対楽天21回戦　1回(辛島)
[初打点] 2017.9.9(koboパーク)対楽天21回戦　1回(辛島)

パワーと確実性の両立を

　確実性を求めたコンパクトなスイングは、自己最高打率など、一定の成果をもたらした。ただ、"ラオウ"の魅力はそのパワーであり、それがもたらす打球の飛距離。ホームラン2本では正直、モノ足りない。「今季は確実性を維持しながらも、長打も狙えるように」と、より強いスイングをも追及する。死ぬ気でレギュラーを狙う。

いつも応援ありがとうございます♡

Q&A Sugimoto Yutaro

①体と器のデカさ②ラオウ③北斗の拳④質問したのに答え聞いてない⑤ユリア⑥友達が多い⑦黄色⑧クリスタルキング⑨ユリア⑩人生楽しんでる⑪小学1年生⑫パンケーキのホイップ多め⑬ラオウ⑭筋トレした方がいいよ♡⑮死ぬ気でレギュラー

■ 公式戦個人年度別成績

年度	所属球団	試合	打数	安打	本塁打	打点	盗塁	打率
2016	オリックス	1	3	0	0	0	0	.000
2017	オリックス	9	17	2	1	2	0	.118
2018	オリックス	7	12	3	2	3	0	.250
2019	オリックス	18	51	8	4	7	1	.157
2020	オリックス	41	127	34	2	17	1	.268
通算	5年	76	210	47	9	34	2	.224

■ 二軍公式戦個人年度別成績

年度	所属球団	試合	打数	安打	本塁打	打点	盗塁	打率
2016	オリックス	48	124	28	3	11	0	.226
2017	オリックス	88	286	77	8	41	5	.269
2018	オリックス	47	109	25	3	15	1	.229
2019	オリックス	78	249	69	14	43	8	.277
2020	オリックス	33	81	30	3	12	0	.370
通算	5年	294	849	229	31	122	14	.270

外野手 NISHIURA HAYATO

125

西浦 颯大

1999年5月21日(22歳)／178cm・70kg／A型／右投左打／
4年目／熊本県／明徳義塾高-オリックス(ドラフト6巡目・18〜)

[初出場] 2018.10.1(楽天生命パーク)楽天25回戦　先発右翼手
[初安打] 2018.10.1(楽天生命パーク)楽天25回戦　5回右安打(藤平)
[初本塁打] 2019.5.10(ほっともっとフィールド神戸)対楽天7回戦　6回(青山)
[初打点] 2019.3.29(札幌ドーム)対日本ハム1回戦　4回(上沢)

難病に負けるな

　シーズン中に感じていた違和感は突如、激痛に変わったという。彼の両脚を襲ったのは特発性大腿骨頭壊死症。国が指定する難病だった。長い入院生活を余儀なくされるが、今一度グラウンドに立つことを目指す。これまで、この病で競技復帰したアスリートはいないというが、「それなら自分が最初になる!」と、決意。負けるな颯大!

■ 公式戦個人年度別成績

年度	所属球団	試合	打数	安打	本塁打	打点	盗塁	打率
2018	オリックス	2	6	1	0	0	1	.167
2019	オリックス	77	220	43	1	18	8	.195
2020	オリックス	49	91	17	2	4	3	.187
通算	3年	128	317	61	3	22	12	.192

■ 二軍公式戦個人年度別成績

年度	所属球団	試合	打数	安打	本塁打	打点	盗塁	打率
2018	オリックス	49	130	26	1	15	4	.200
2019	オリックス	43	144	38	0	15	8	.264
2020	オリックス	41	143	39	0	12	9	.273
通算	3年	133	417	103	1	42	21	.247

いつも応援ありがとうございます。
今シーズンもよろしくお願いします

Q&A Nishiura Hayato

①守備②ハヤト③スニーカー、服④面倒くさがり⑤サウナ⑥腹話術⑦白、黒⑧DEEP『白いマフラー』⑨おもしろい人、趣味が似てる人⑪3歳⑫休みの日にたくさん寝ること⑬マントヒヒ⑭"頑張る時はいつも今"⑮順調に回復する

004

平野 大和

2001年8月7日（20歳）／177cm・82kg／O型／右投右打／
2年目／宮崎県／日章学園高-オリックス（ドラフト育成4巡目・20〜）

長所の打撃で、足場固め

「学ぶことが多く、あっという間の1年でした」と、ルーキーイヤーを
振り返った。ケガを治すことからスタートしたプロ生活だったが、
試合に起用されると、非凡なものを見せるなど、可能性を感じさ
せた。継続させることの難しさを克服し、長所の打撃を伸ばした。
まずは、ファームでアピール。支配下への足場を固める。

二軍公式戦個人年度別成績

年度	所属球団	試合	打数	安打	本塁打	打点	盗塁	打率
2020	オリックス	8	12	1	0	0	0	.083
通算	1年	8	12	1	0	0	0	.083

**これからも
応援よろしくお願いします**

Q&A　Hirano Yamato

①なまり②やまと③TikTok④虫⑤チョコ⑥晴れ男
⑦赤、金、黒、白⑧心之助⑨きれい系⑩勝負の日は
赤パンツ⑪小学2年生⑫おいしい甘いもの⑬犬⑭楽
しい⑮ヒットをたくさん打つ

007

佐藤 優悟

1997年4月2日（24歳）／182cm・90kg／B型／右投右打／
2年目／宮城県／柴田高-仙台大-オリックス（ドラフト育成7巡
目・20〜）

後輩には負けられない

プロ1年目はウエスタンで35試合に出場。実戦経験を積む中
で手応えを感じながらも、課題も見えてきた。中でも、好調をキー
プすることの難しさを痛感したと言う。支配下を勝ち取るため、
ひたすらバットを振り込むオフを過ごしてきた。ふたりの後輩（仙
台大）の入団は大きな刺激。肩と脚でも思い切りアピールしたい。

二軍公式戦個人年度別成績

年度	所属球団	試合	打数	安打	本塁打	打点	盗塁	打率
	オリックス	35	59	14	0	4	2	.237
	1年	35	59	14	0	4	2	.237

**いつも応援ありがとうございます。
コロナのなかで何かと大変かと思いますが、
お互い体に気をつけて乗り越えましょう。
これからもよろしくお願いします**

Q&A　Satoh Yugo

①明るい性格、三拍子（まだまだですが）②逆にほしいです③もう
何年もやってませんがスノーボード、音楽鑑賞、ファッション④心配
性、打てないととても落ち込む⑤フレンチブルドッグ（ブギー）、猫⑥パ
ワー、基本ケガしにくい⑦黒、白⑧¥ellow bucks、洋楽⑨シンプル
is the ベスト、優しい、キレイの中に可愛さもある人⑩野菜が一番大
事、たんぱく質（筋肉のため）⑪小学2年生⑫OFF前の夜にご褒美
⑬ネズミ（マウス）⑭成功するまで日々努力（自分にも向けて）⑮支配
下登録、一軍で貢献する、印象に残り顔を覚えてもらう

16

投 手

平野 佳寿

1984年3月8日(37歳)／186cm・88kg／O型／右投右打／13年目／京都府／鳥羽高-京都産業大-オリックス(ドラフト希望枠・06〜17)-アリゾナ・ダイヤモンドバックス(18〜19)-シアトル・マリナーズ(20)-オリックス(21〜)

［初登板］2006.3.26(インボイスSEIBU)対西武2回戦　8回より救援(0/3回)
［初勝利］2006.3.30(フルスタ宮城)対楽天3回戦　先発(7回)
［初完封］2006.4.6(大阪ドーム)対ロッテ4回戦
［初セーブ］2010.7.28(スカイマーク)対日本ハム16回戦

≪タイトル≫ 最優秀中継ぎ(11)、最多セーブ(14)

守護神降臨!

　キャンプ地に吉報が届いた。"メジャーリーガー・ヨシヒサ"が日本に、しかも古巣のオリックスに戻って来るというニュースだった。海の向こうでの彼の活躍は誰もが知るところ。ダイヤモンドバックスで2年、マリナーズで1年、リリーバーとしての存在感を示し続けてきた。常にタフな場面での登板を任された。それは、ベースボールの本場がヨシヒサの実力を認めていた証。日米通算164セーブの経験と実績が若いオリックスの投手陣に与えるインパクトは絶大だ。これで、クローザーは決まった。ブルペンに頼れる一本の芯が通る!

■ 公式戦個人年度別成績

年度	所属球団	試合	勝利	敗戦	セーブ	投球回数	自責点	防御率
2006	オリックス	26	7	11	0	172 1/3	73	3.81
2007	オリックス	27	8	13	0	171 2/3	71	3.72
2009	オリックス	20	3	12	0	114 1/3	60	4.72
2010	オリックス	63	7	2	2	80 2/3	15	1.67
2011	オリックス	72	6	2	2	83 2/3	18	1.94
2012	オリックス	70	7	4	9	79 2/3	19	2.15
2013	オリックス	60	2	5	31	62 2/3	13	1.87
2014	オリックス	62	1	6	40	60 1/3	23	3.43
2015	オリックス	33	0	3	12	31	14	4.06
2016	オリックス	58	4	4	31	61	13	1.92
2017	オリックス	58	3	7	29	57 1/3	17	2.67
通算	11年	549	48	69	156	974 2/3	336	3.10

■ 二軍公式戦個人年度別成績

年度	所属球団	試合	勝利	敗戦	セーブ	投球回数	自責点	防御率
2008	サーパス	6	1	1	0	8	6	6.75
2009	オリックス	4	1	0	0	17	0	0.00
2015	オリックス	2	0	0	0	2	0	0.00
2017	オリックス	1	0	0	0	1	0	0.00
通算	4年	13	2	1	0	28	6	1.93

応援いつもありがとうございます

Q&A　Hirano Yoshihisa

①オジさんのがんばる姿勢②何でも⑤車の中⑥足の指の骨を永遠に鳴らすことができる⑦白、赤⑨必死に応援してくれる子⑪小学3年生⑫生ビール⑭夢を大切に感謝を大事に!!⑮60試合以上登板

一所懸命

26

投　手

能見 篤史

079年5月28日（42歳）／180cm・74kg／AB型／左投左打／17
目／兵庫県／鳥取城北高-大阪ガス-阪神（ドラフト自由枠・05〜20）
リックス（21〜）

[初登板] 2005.4.3（大阪ドーム）対ヤクルト3回戦　先発（4回）
[初勝利] 2005.4.24（横浜スタジアム）対横浜6回戦　先発（5回2/3）
[初完封] 2007.8.18（京セラドーム大阪）対広島16回戦
[初セーブ] 2018.8.16（京セラドーム大阪）対広島17回戦

タイトル》最多奪三振（12）

まだ終われない！新天地で

大きな戦力が加わった。阪神で、開幕投手2回、5度
2桁勝利、最多奪三振のタイトル（2012年）、通算
14勝をマークした左腕が、ネイビーブルーのユニフォー
に袖を通すことに。立場的には投手コーチ兼任では
るが、「まずは選手として」という思いが首脳陣にはあ
ようだ。「どこも痛くない。引退の選択肢はなかった」
見役続行を望んだ理由はいたってシンプル。タテ縞の
輩から慕われていた人柄とリーダーシップは、若いこ
チームには、まさにうってつけ。新しいカルチャーを吹
んでくれることは間違いない。

公式戦個人年度別成績

度	所属球団	試合	勝利	敗戦	セーブ	投球回数	自責点	防御率
5	阪神	16	4	1	0	64 2/3	40	5.57
6	阪神	38	2	4	0	47	26	4.98
7	阪神	23	4	4	0	74	36	4.38
8	阪神	11	0	0	0	11 1/3	6	4.76
9	阪神	28	13	9	0	165	48	2.62
0	阪神	12	8	0	0	62 1/3	18	2.60
1	阪神	29	12	9	0	200 1/3	56	2.52
2	阪神	29	10	10	0	182	49	2.42
3	阪神	25	11	7	0	180 2/3	54	2.69
4	阪神	26	9	13	0	169 1/3	75	3.99
5	阪神	27	11	13	0	159 2/3	66	3.72
6	阪神	26	8	12	0	147 1/3	60	3.67
7	阪神	23	6	6	0	128 1/3	53	3.72
8	阪神	45	4	3	1	56 1/3	16	2.56
9	阪神	51	1	2	0	44	21	4.30
0	阪神	34	1	0	1	24 2/3	13	4.74
16年		443	104	93	2	1717	637	3.34

軍公式戦個人年度別成績

	所属球団	試合	勝利	敗戦	セーブ	投球回数	自責点	防御率
	阪神	10	3	0	0	38	6	1.42
	阪神	6	2	2	0	20	8	3.60
	阪神	7	6	0	0	43	12	2.51
	阪神	29	5	1	11	54 1/3	5	0.83
	阪神	2	1	1	0	8 1/3	0	0.00
	阪神	1	0	1	0	7	2	2.57
	阪神	5	3	0	0	21	0	0.00
	阪神	2	0	0	0	2	0	0.00
	9年	64	20	5	11	195 2/3	33	1.52

一緒に戦いましょう！

Q&A　Nohmi Atsushi

①腕を振ること③釣り⑦黒、青、赤⑧GReeeeN、
Mr.Children⑪小学3年生⑭自分に負けるな！⑮優勝

感謝

69

外野手
ステフェン・ロメロ

1988年10月17日（33歳）／188cm・100kg／右投右打／5年目／アメリカ合衆国／サニーサイド高-オレゴン州立大-シアトル・マリナーズ（ドラフト12巡目・11〜16）-オリックス（17〜19）-楽天（20）-オリックス（21〜）

[初出場] 2017.3.31（京セラドーム大阪）対楽天1回戦　先発右翼手
[初安打] 2017.4.1（京セラドーム大阪）対楽天2回戦　2回中安打（辛島）
[初本塁打] 2017.4.4（メットライフ）対西武1回戦　5回（多和田）
[初打点] 2017.4.1（京セラドーム大阪）対楽天2回戦　6回（辛島）

古巣復帰の強力助っ人

　実績十分の助っ人が戻ってきた。2017年からの3シーズン、彼がこのチームで示したパフォーマンスは誰もが知るところ。2019年のペナントレースでは、シーズン中盤の8月にチームはAクラスに急接近。快進撃を支えたのはその月に打率.385、7本塁打、25打点の数字を残したロメロだった。日本球界での活躍ぶりやその存在感は、優良外国人の域にある。

　"健康でさえいてくれれば"は誰しもの願い。「家族のような存在」と、本人が言うオリックスへの復帰で、モチベーションが上がらないはずもない。得点力不足解消の切り札に！

■ 公式戦個人年度別成績

年度	所属球団	試合	打数	安打	本塁打	打点	盗塁	打率
2017	オリックス	103	390	107	26	66	2	.274
2018	オリックス	119	443	105	25	63	7	.237
2019	オリックス	81	295	90	18	63	3	.305
2020	東北楽天	103	356	97	24	63	0	.272
通算	4年	406	1484	399	93	255	12	.269

■ 二軍公式戦個人年度別成績

年度	所属球団	試合	打数	安打	本塁打	打点	盗塁	打率
2019	オリックス	4	6	3	2	6	0	.500
通算	1年	4	6	3	2	6	0	.500

昨年は違うチームにいたのでオリックスでシーズンを過ごせませんでしたが、今年は戻ってきました。私はチームとファンのために戦い続けます。私とチームをサポートしてくれてありがとうございます。今シーズンの応援をよろしくお願いします

Q&A　Stefen Romero

①良いチームメイトでいるところ・ファンのために全力を尽くしてプレーするところ②ロモちゃん、ロモさん③ゴルフとゲーム④料理が不得意⑤家族と一緒にいること⑥みんなより少しだけゲームが上手い⑦赤⑧ダンスがしたくなるメロディーを生み出すミュージシャン⑩ゴルフとトレーニング⑫ゴルフセット一式⑬サメ⑮オリックスに優勝をもたらすこと

ガンバッテ

※ロメロ選手の写真は2019年在籍時のもの

12

投手

山下 舜平大

2002年7月16日（19歳）／189cm・93kg／B型／右投右打／1年目／
福岡県／福岡大大濠高-オリックス（ドラフト1巡目・21～）

伸びシロ無限大の大型右腕

　スケール感が半端ない大型右腕。高校生を対象にし
たトライアウト、合同練習会でも、明らかに彼は異彩を放っ
ていた。高校時代、ウエイトトレーニングはほぼ未経験。
投げる変化球もカーブのみ。にもかかわらず、九州高校
球界ナンバーワン投手の称号が与えられたのだから、天
性の素材が規格外であることが容易に窺える。入団会
見では「165km/hのストレートを」と、最速154km/h右
腕は言い切った。まずは、プロの長いシーズンに耐えうる
体づくりが優先されるが、無限の可能性が広がる未来が
楽しみでならない。ワクワク感が抑えられない。

> 一生懸命頑張ります。
> よろしくお願いします

Q&A　Yamashita Shunpeita

①ストレートとカーブ②ぺーた、しゅんぺいた③夜景を見ること
④高い場所などがダメ⑤夜景を見れる場所⑥すぐ寝れる
⑦赤⑧ジャスティン・ビーバー⑨優しい人⑩朝はご飯（米）
⑪小学3年生⑫甘い物を食べること⑬アルパカ⑭野球を
好きでいてください⑮たくさんの経験をすること

27

外野手

元 謙太

2002年5月17日(19歳)／186cm・86kg／O型／右投右打／
年目／岐阜県／中京高-オリックス(ドラフト2巡目・21〜)

大物感溢れる大砲候補

走・攻・守のバランスが高いレベルで調和する好素材。高校
代から真摯に野球に取り組んで来た。"練習の虫"を通り越して
"練習の鬼"。甲子園では満塁ホームランを放つなど、その勝
強さもまた頼もしい。「吉田正尚選手のような球界を代表する
手に」との目標からも大物感が漂う。和製大砲候補。彼の行
末に注目だ。

**気持ちを前面に出して、
みなさんに勇気と感動をあたえます。
応援よろしくお願いします**

Q&A　　Gen Kendai

①気持ちを前面に出すプレー②『ケンダイ』、『ゲン
ちゃん』呼びやすい方でお願いします③音楽オタク
④嫌いな食べ物が多い⑤音楽⑥勝負強い⑦金、赤
⑧コブクロ⑨今田美桜⑩音楽を聴いて寝る⑪小学3
年生⑫おいしいものを食べる⑬ライオン⑭野球が好
きという気持ちを忘れない⑮早くオリックスになじむ

38

外野手

来田 涼斗

2002年10月16日(19歳)／180cm・85kg／A型／右投左打／
目／兵庫県／明石商業高-オリックス(ドラフト3巡目・21〜)

ュニア出身のスター候補

ファローズジュニア出身の、いわば生え抜きルーキー。高
年春の選抜大会で、先頭打者&サヨナラホームランという離
をやってのけると、その夏の甲子園でも、初回の先頭打者
て放った打球はセンターバックスクリーンに消えた。スター性
なルーキーの目標は「首位打者とトリプル3」。もう、楽しみ
ない!

**これからが本当の戦いだと思うので、
覚悟を決めて生活していきたいです。
応援よろしくお願いします**

Q&A　　Kita Ryoto

①積極的な走塁、長打力②リョウト③スポーツ(運動)
④忘れ物が多い⑤お風呂⑥勝負強い⑦青⑧色々
⑨元気で優しい⑩ご飯を食べる⑪小学1年生⑫ちょっ
と高い店でのご飯⑬バッファロー⑭何事も最後まで
やり通していただきたい⑮開幕一軍

37

投　手

中川 颯

1998年10月10日（23歳）／184cm・80kg／A型／右投左打／
1年目／神奈川県／桐光学園高-立教大-オリックス（ドラフト4巡
目・21～）

美しいサブマリンで相手を翻弄

　長身を潜り込ませて投げるボールは独特の軌跡を描きながら、
捕手のミットに吸い込まれていった。今や、絶滅危惧種ともいえ
る純粋なアンダーハンド。球速ではなく、投球術で相手打者を翻
弄するのが彼の投球スタイル。下手投げが苦手とする左打者に
対しても、恐れずインコースを攻める度胸もプロ向きだ。投手陣
に新風を！

ファンのみなさまのために
ベストを尽くして頑張りますので、
応援の程よろしくお願い致します

Q&A　　Nakagawa Hayate

①体のタフさ②はやて③進撃の巨人④財布をよく
なくす、人見知り⑤国道134号線をドライブ、からか
い上手の高木さん（アニメ）⑥肩甲骨を出せる⑦黄
色（グラブ）⑧湘南乃風⑨素を出せる人⑩焼肉には
マッコリ⑪小学1年生⑫買い物で迷ったら両方買う
⑬ナマケモノ⑭継続は力なり！⑮一軍で投げ抜く

62

捕　手

中川 拓真

2002年7月17日（19歳）／178cm・87kg／B型／右投右打／
1年目／愛知県／豊橋中央高-オリックス（ドラフト5巡目・21～）

強肩強打がウリの好素材

　1月の新人合同自主トレでは、高卒新人の中で最も高い筋力
を数値で示して見せた。中学時代には砲丸投げの全国大会で
入賞も。肩の強さも大きな強みで、「周東（ソフトバンク）さんを刺
したい」と、抱負を口にした。高校通算44発の力感溢れる打撃
も魅力たっぷり。「目標にされる選手」を目指して、まずは経験を
積んでいく。

これから中川拓真を
よろしくお願いします

Q&A　　Nakagawa Takuma

①豪快なバッティングと元気がいいプレー②たくま、たっ
くん③サウナ④忘れ物が多い⑤サウナ⑥砲丸投げがで
きる⑦金色⑧心之助⑨明るくて優しい人⑩勝負の前
の日はうなぎ丼⑪小学1年生⑫コンビニスイーツ⑬ゾウ
⑭夢を持てば道は拓く⑮とにかく勉強をして、体をつくる

45
投　手
阿部 翔太

992年11月3日（29歳）／178cm/78kg／B型／右投左打／
年目／大阪府／酒田南高-成美大-日本生命-オリックス（ドラフ
巡目・21〜）

戦力のオールドルーキー

新人の中では最年長。150km/hを超えるストレートと多彩な
化球は実戦向き。打者に向かう強気の姿勢も頼もしい。社
人野球での6年間の経験は、何よりも大きな財産。「ストライク
ーンで勝負できるのが自分の強み」と自信をのぞかせる。京セ
ーム大阪に程近い大阪市大正区出身のオールドルーキー。1
目から勝負だ。

**おっさんルーキーですが
よろしくお願いします!!**

Q&A　Abe Shota

①気持ちの入った投球②あべちゃん、翔太④字がき
たない⑤娘⑥すぐ仲良くなれる⑦赤、黒⑧AK-69
⑨娘⑩頑張るのは当たり前！⑪小学1年生⑫家族
で旅行⑬ライオン⑭野球が好きな気持ちを忘れず
に!! ⑮即戦力!!

011
投　手
川瀬 堅斗

2年6月18日（19歳）／183cm/86kg／A型／右投右打／
目／大分県／大分商高-オリックス（ドラフト育成1巡目・21〜）

配下を勝ち取り兄と勝負

50km/hに迫る速球に、コントロールされた変化球、つまりはー
と器用さを兼ね備えた好素材。「いつも笑顔で」がモットー
ンチにも動じないメンタルが頼もしい。中学時代、交通事
負った頭蓋骨骨折の大ケガを克服。体と運の強さは本物
夢は支配下と、その先にある兄・晃（ソフトバンク）との真剣
だ。

**いち早く支配下になり、
チームを勝たせられるような
投手になるので応援お願いします**

Q&A　Kawase Kento

①笑顔②特にないので、『けんと』でもなんでもいい
③虫と怖い系がアウト⑤犬のハリー（ペット）⑦ピンク
が好き⑧ベリーグッドマン⑨たくさん応援してくれる人
⑪3歳⑬犬⑭努力は必ず報われます⑮支配下登録

95

012

投 手

辻垣 高良

2002年6月10日(19歳)／182cm・82kg／O型／左投左打／
1年目／兵庫県／学法福島高-オリックス(ドラフト育成2巡目・21〜)

入団テストから勝ち取った指名

　ストレートとスライダーのコンビネーションで三振を奪うサウスポー。入団テストでのアピールが奏功し、指名にまでこぎつけた。高校時代は福島で過ごすも出身は神戸。「ほっともっとでオリックスの試合はよく観ていました」と、愛着ある球団への入団でヤル気はMAXに。「闘志あふれる投球」で支配下を目指す。

応援よろしくお願いします!!

Q&A　Tsujigaki Takara

①強気のピッチング!! ②たから、何でもOK!! ③俺は釣りオタク④漢字がにがて⑤音楽を聴くこと⑥運がいい⑦黒、赤、黄色⑧『WOW WAR TONIGHT 〜時には起こせよムーヴメント』⑨素直で笑顔が似合う人⑪兄が野球をしてたから⑫高い服を買う⑬ウマ⑭夢に向かって頑張ろう⑮支配下登録

013

投 手

宇田川 優希

1998年11月10日(23歳)／184cm・95kg／O型／右投右打／
1年目／埼玉県／八潮南高-仙台大-オリックス(ドラフト育成3巡目・21〜)

目指すは160km/hのクローザー

　最速152km/hのストレートと落差大きいフォークが武器の右腕。「球速は160km/h台を目指したいですし、役割としては"抑え"ができるように」と、大きな夢を口にした。伸びシロ十分の可能性は大きな魅力だ。大学時代の監督から贈られた言葉は"塞翁が馬"。行く末の禍福は予測不能だが、明るい未来は自らが切り拓く。

チームの勝利に貢献できるように
頑張りますので
応援よろしくお願いします

Q&A　Udagawa Yuki

①キレのあるストレート、落差のあるフォークを投げるので見てもらいたいと思います②うだ、うーちゃん④時間にルーズすぎる⑤猫⑥食べる⑦青⑨有村架純さん⑩ドラマ見るときはミルクティー⑪小学2年生⑭楽しむことが一番大事⑮支配下登録

014

捕　手

釣 寿生

002年6月30日（19歳）／180cm・85kg／O型／右投右打／
年目／兵庫県／京都国際高-オリックス（ドラフト育成4巡目・
～）

靭な体とメンタルで支配下へ

2塁送球に要する時間はわずか1.9秒。強いのは肩だけで
なく、背筋力などの身体強度はおよそ超高校級と言っていい。
削りな部分も磨けば必ず光る好素材。「同期の誰よりも早く、
配下に！」と、言い切るあたりは強いメンタルのなせるワザ。「頑
れば、結果はついてくる」の言葉を胸にプロの世界で勝負に
る！

頑張ります！

Q&A	Tsuri Jui

①肩②釣ちゃん③釣り④勉強ができない⑤映画⑥から
だが強い⑦赤⑧湘南乃風⑨清野菜名⑪小学2年生
⑬クマ⑭頑張れ⑮支配下

015

外野手

佐野 如一

8年9月2日（23歳）／174cm・80kg／B型／右投左打／
目／茨城県／霞ヶ浦高-仙台大-オリックス（ドラフト育成5巡
1～）

野争いに一石を投じたい！

校、大学とキャプテンを任されたのは、彼の人間力が高く評
ていた証。アマチュア時代から広角に打てる巧さと一発を
たパワーが魅力の外野手。何よりも、走・攻・守のバラン
良さが素晴らしい。「期待されるものはバッティングとリーダー
"だと思います。しっかりアピールしたい」。まずは支配下だ！

**一生懸命頑張ります。
応援よろしくお願いします**

Q&A	Sano Yukikazu

①フルスイング②ゆきかず③アニメやドラマ、映画を観
ることが好き④花粉症⑥字が上手い⑦黄色⑨明る
い人⑪小学1年生⑫好きな物を買う⑭全力で楽しむ
ことが大切です⑮支配下登録

016

内野手
古長 拓

1994年8月5日（27歳）／164cm・67kg／O型／右投右打／1年目／福島県／九州国際大付高-NTT東北マークス-BCL・福島-オリックス（ドラフト育成6巡目・21〜）

負けん気で勝負

内野ならどこでもOKのユーティリティプレーヤー。独立リーグ・福島を経て、苦労して辿り着いたプロの世界。26歳という年齢もけっして若くない。それだけに、この世界での成功を望む気持ちは強い。「記録よりも、記憶に残る選手に！」との言葉に気持ちがこもる。誰にも負けない強い気持ちと熱いハートでプレーする。

> 1試合でも多くチームの勝利に貢献できるよう頑張ります。熱い声援よろしくお願いします

Q&A Kocho Taku

①バッティング、元気②たく⑤ペット⑦赤⑧長渕剛⑨キレイな人⑪小学1年生⑭野球を楽しく頑張ってください⑮1日でも早く支配下登録

TEAM STAFF チームスタッフ

役職	名前	役職	名前	役職	名前
球団本部長 兼 広報部長	森川 秀樹	トレーナー	野間 卓也	二軍用具担当	山内 嘉弘
ゼネラルマネージャー 兼 編成部長	福良 淳一	トレーナー	青田 佑介	青濤館寮長	山田 真実
球団本部長補佐 国際渉外部長	横田 昭作	一軍チーフトレーニング担当	鎌田 一生	青濤館副寮長	山本 克也
ゼネラルマネージャー補佐	宮田 隆	トレーニング担当	久保田 和稔	青濤館副寮長 兼 育成グループ	葉室 太郎
管理部長	久保 充広	二軍チーフトレーナー	福條 達樹	青濤館寮長補佐	宮田 典計
チーム運営グループ長 一軍チーフマネージャー	佐藤 広	トレーナー	幕田 英治	アシスタントスタッフ	清田 文章
一軍マネージャー	杉山 直久	トレーナー	宮野 貴範	アシスタントスタッフ	太田 暁
一軍用具担当	松本 正志	トレーナー 兼 リハビリ担当	植田 浩章	アシスタントスタッフ	杉本 尚文
スコアラーグループ長 兼 査定グループ長	島袋 修	リハビリ担当	田中 康雄	アシスタントスタッフ	山岡 洋之
査定グループ担当課長	熊谷 泰充	トレーニング担当	岡本 正靖	アシスタントスタッフ	瓜野 純嗣
チーフスコアラー	今村 文昭	トレーニング担当	鈴川 勝也	アシスタントスタッフ	古川 秀一
スコアラー	川畑 泰博	チーフ通訳	荒木 陽平	アシスタントスタッフ	大嶋 達也
スコアラー	三輪 隆	通訳	藤田 義隆	アシスタントスタッフ	宮川 祥
スコアラー	曽我部 直樹	渉外アシスタント 兼 通訳	澤村 直樹	アシスタントスタッフ	漆戸 駿
スコアラー	渡邊 正人	通訳	若林 慶一郎	アシスタントスタッフ	岩橋 慶侍
スコアラー	前田 大輔	育成グループ長 兼 二軍チーフマネージャー	田中 雅興	アシスタントスタッフ	左澤 優
コンディショニンググループ長	本屋敷 俊介	二軍マネージャー	渡邊 隆洋	アシスタントスタッフ	比屋根 彰人
一軍チーフトレーナー	佐々木 健太郎	二軍サブマネージャー	大橋 貴博	広報部チーフ	町 豪将
トレーナー	砂長 秀行	育成グループ スコアラー	依田 栄二	広報	佐藤 達也

記録に挑む

Challenge the record

日々の鍛錬に耐え、ひとつひとつ積み上げてきた結果が
大記録へとつながる。
2021年シーズンに達成が予想される記録の数々。
今シーズン、記録に挑む候補選手たちを紹介しよう。

▷ 増井 浩俊

600 試合登板

現在	534試合登板
達成まで	66試合登板
初試合登板	2010.4.9 vs.ソフトバンク4回戦 (ヤフードーム)

200 セーブ

現在	163セーブ
達成まで	37セーブ
初セーブ	2012.5.6 vs.オリックス9回戦 (札幌ドーム)

200 ホールド

現在	157ホールド
達成まで	43ホールド
初ホールド	2011.4.15 vs.ロッテ1回戦 (札幌ドーム)

▷ 能見 篤史

500 試合登板

現在	443試合登板
達成まで	57試合登板
初試合登板	2005.4.3 vs.ヤクルト 3回戦 (大阪ドーム)

1500 奪三振

現在	1496奪三振
達成まで	4奪三振
初奪三振	2005.4.3 vs.ヤクルト 3回戦 (大阪ドーム)

▷ ディクソン

1000 投球回

現在	892回1/3
達成まで	107回2/3
初登板	2013.3.31 vs.ロッテ3回戦 (QVCマリン)

▷ 安達 了一

1000 試合

現在	964試合
達成まで	36試合
初出場	2012.5.12 vs.楽天8回戦 (京セラドーム大阪)

250 犠打

現在	206犠打
達成まで	44犠打
初犠打	2012.5.31 vs.中日2回戦 (ナゴヤドーム)

▷ T-岡田

200 本塁打

現在	186本塁打
達成まで	14本塁打
初本塁打	2009.8.14 vs.ソフトバンク15回戦 (スカイマーク)

▷ 吉田 正尚

100 本塁打

現在	91本塁打
達成まで	9本塁打
初本塁打	2016.8.18 vs.日本ハム18回戦 (札幌ドーム)

プレー以外に関するデータから出身地や誕生日などをピックアップ。
詳細データを把握すれば、球場やテレビでの野球観戦がより楽しくなる!

🎂 誕生日&星座

1月
日	番号	名前	星座
7日	3	安達	♑
18日		中垣コーチ	♑
21日	30	K-鈴木	♒
24日	76	風岡コーチ	♒

2月
日	番号	名前	星座
5日	68	鈴木優	♒
7日	24	紅林	♒
9日	55	T-岡田	♒
14日	31	太田	♒
21日	25	西村	♓
26日	98	張	♓

3月
日	番号	名前	星座
5日	8	後藤	♓
8日	16	平野佳	♓
19日	127	田城	♓
27日	78	中嶋監督	♈

4月
日	番号	名前	星座
2日	007	佐藤優	♈
5日	99	杉本	♈
12日	67	中川圭	♈
16日	001	佐藤一	♈
21日	72	平井コーチ	♉
22日	52	ヒギンス	♉
27日	49	澤田	♉
	123	稲富	♉

5月
日	番号	名前	星座
3日	28	富山	♉
9日	95	神戸	♉
10日	71	岸田コーチ	♉
12日	23	伏見	♉
17日	27	元	♉
21日	125	西浦	♊
28日	26	能見	♊
29日	124	近藤	♊

6月
日	番号	名前	星座
5日	80	小島コーチ	♊
6日	22	村西	♊
7日	6	宗	♊
8日	79	辻コーチ	♊
10日	012	辻垣	♊
14日	9	大城	♊
15日	63	山﨑颯	♊
18日	011	川瀬	♊
20日	66	吉田凌	♊
	84	鈴木昂コーチ	♊
26日	17	増井	♋
27日		酒井コーチ	♋
30日	014	釣	♋

7月
日	番号	名前	星座
2日	81	田口コーチ	♋
10日	70	松井佑コーチ	♋
15日	34	吉田正	♋
16日	12	山下	♋
17日	62	中川拓	♋
20日	0	勝俣	♋
	86	由田コーチ	♋
27日	46	本田	♌

8月
日	番号	名前	星座
1日	10	ジョーンズ	♌
2日	5	西野	♌
3日	29	田嶋	♌
5日	016	古長	♌
7日	004	平野大	♌
8日	4	福田	♌
9日	1	モヤ	♌
11日	64	廣澤	♌
13日	43	前	♌
	82	入来コーチ	♌
14日	90	別府コーチ	♌
16日	54	黒木	♌
	74	山崎勝コーチ	♌
17日	18	山本	♌
18日	008	松山	♌
23日	85	高口コーチ	♌
25日	13	宮城	♍
	15	荒西	♍
	61	榊原	♍
29日	002	谷岡	♍

9月
日	番号	名前	星座
2日	41	佐野皓	♍
	47	海田	♍
	015	佐野如	♍
4日	130	フェリペ	♍
8日	73	高山コーチ	♍
9日	11	山﨑福	♍
10日	65	漆原	♍
13日	003	中田	♍
17日	120	岡崎	♍
18日	58	金田	♍
19日	57	山田	♍
	91	飯田大コーチ補佐	♍
22日	19	山岡	♍
24日	14	吉田一	♎
27日	21	竹安	♎

10月
日	番号	名前	星座
1日	88	水本コーチ	♎
4日	2	若月	♎
10日	37	中川颯	♎
	83	小谷野コーチ	♎
11日	77	梵コーチ	♎
16日	38	来田	♎
17日	69	ロメロ	♎
26日	36	山足	♏
27日	75	佐竹コーチ	♏

11月
日	番号	名前	星座
3日	32	ディクソン	♏
	40	大下	♏
	45	阿部	♏
4日	50	小田	♏
10日	013	宇田川	♏
17日	44	頓宮	♏
19日	33	松井雅	♏
22日	005	鶴見	♏
26日	53	宜保	♐
27日	39	飯田優	♐
30日	89	小林二軍監督	♐

12月
日	番号	名前	星座
7日	35	比嘉	♐
14日	128	東	♐
18日	48	齋藤綱	♐
23日	87	齋藤俊コーチ	♑

※ ♑山羊座(12月22日～1月19日) ♒水瓶座(1月20日～2月18日)
♓魚座(2月19日～3月20日) ♈牡羊座(3月21日～4月19日)
♉牡牛座(4月20日～5月20日) ♊双子座(5月21日～6月21日)
♋蟹座(6月22日～7月22日) ♌獅子座(7月23日～8月22日)
♍乙女座(8月23日～9月22日) ♎天秤座(9月23日～10月23日)
♏蠍座(10月24日～11月22日) ♐射手座(11月23日～12月21日)

🧢 入団年

2006年	2010年	2011年	2012年	2013年	2014年	2015年	2016年	2017年	2018年	2019年	2020年	2021年
55 T-岡田(高1)	35 比嘉(2)	8 後藤(1)	3 安達(1)	23 伏見(3)	14 吉田一(1)	11 山﨑福(1)	34 吉田正(1)	19 山岡(1)	29 田嶋(1)	31 太田(1)	13 宮城(1)	12 山下(1)
	57 山田(3)		47 海田(4)	32 ディクソン(助)	2 若月(3)	6 宗(2)	124 近藤(2)	54 黒木(2)	30 K-鈴木(2)	44 頓宮(2)	24 紅林(2)	27 元(2)
						41 佐野皓(3)	9 大城(3)	120 岡崎(3)	4 福田(4)	15 荒西(3)	22 村西(3)	38 来田(3)
						48 齋藤綱(5)	66 吉田凌(5)	18 山本(4)	25 西村(5)	28 富山(4)	43 前(4)	37 中川颯(4)
						5 西野(7)	99 杉本(10)	63 山﨑颯(6)	125 西浦(6)	0 勝俣(5)	001 佐藤一(育1)	62 中川拓(5)
						50 小田(8)		49 澤田(8)	64 廣澤(7)	67 中川(7)	002 谷岡(育2)	45 阿部(6)
						68 鈴木優(9)		98 張(育1)	36 山足(8)	65 漆原(育1)	003 中田(育3)	011 川瀬(育1)
								61 榊原(育2)	123 稲富(育1)	21 竹安(他)	004 平野大(育4)	012 辻垣(育2)
								95 神戸(育3)	128 東(育2)	1 モヤ(ト)	005 鶴見(育5)	013 宇田川(育3)
								58 金田(他)	130 フェリペ(育4)	33 松井雅(ト)	014 釣(育4)	014 釣(育4)
									17 増井(FA)		40 大下(育6)	015 佐野如(育5)
											007 佐藤優(育7)	016 古長(育6)
											008 松山(育8)	16 平野佳(復)
											52 ヒギンス(助)	69 ロメロ(復)
											10 ジョーンズ(助)	26 能見(他)
											39 飯田優(ト)	127 田城(他)

📄 経歴

合計 86人

- 高卒 37人
- 大卒 22人
- 社会人 20人
- MLB 4人
- 米マイナー 1人
- 独立L 2人

略称は以下の通り
(数字)=ドラフト順位
(高～)=高校生ドラフト/指名順位
(大・社～)=大学・社会人ドラフト/指名順位
(育～)=育成ドラフト/指名順位
(FA)=FA入団
(ト)=トレード
(復)=復帰
(助)=外国人選手
(他)=その他

出身地&出身高校

海外出身者6名

アメリカ
10 ジョーンズ(サミュエル・モールス高)
32 ディクソン(マーベリー高)
52 ヒギンス
69 ロメロ(サニーサイド高)

台湾
98 張(福岡第一高/福岡県)

プエルトリコ
1 モヤ(セナベック高)

中国出身者8名

広島
19 山岡(瀬戸内高)
47 海田(賀茂高)
002 谷岡(武田高)
77 梵コーチ(三次高)
89 小林二軍監督(崇徳高)

岡山
18 山本(都城高/宮崎県)
44 頓宮(岡山理科大附属高)
88 水本コーチ(倉敷工高)

※山口、島根、鳥取出身者なし

九州出身者16名

熊本
15 荒西(玉名工高)
50 小田(九州学院高)
125 西浦(明徳義塾高/高知県)

鹿児島
58 金田(都城商高/宮崎県)
90 別府コーチ(鹿屋商高)

福岡
12 山下(福岡大附大濠高)
40 大下(白鷗大足利高/栃木県)

大分
41 佐野皓(大分高)
64 廣澤(大分商高)
011 川瀬(大分商高)

宮崎
004 平野大(日章学園高)
82 入来コーチ(PL学園高/大阪府)

沖縄
9 大城(興南高)
13 宮城(興南高)
35 比嘉(コザ高)
53 宜保(KBC学園未来高沖縄)

※佐賀、長崎出身者なし

中部出身者13名

福井
34 吉田正(敦賀気比高)
57 山田(敦賀気比高)

岐阜
27 元(中京高)

石川
63 山﨑颯(敦賀気比高/福井県)
86 由田コーチ(桐蔭学院高/神奈川県)

愛知
62 中川拓(豊橋中央高)
76 風岡コーチ(中部大春日丘高)
87 齋藤俊コーチ(豊田大谷高)

新潟
65 漆原(新潟明訓高)

静岡
17 増井(静岡高)
21 竹安(伊東商高)
24 紅林(駿河総合高)
130 フェリペ(御殿場西高)

※富山、山梨、長野出身者なし

四国出身者3名

愛媛
49 澤田(大阪桐蔭高/大阪府)
72 平井コーチ(宇和島東高)

徳島
99 杉本(徳島商高)

※高知、香川出身者なし

北海道出身者3名

北海道
23 伏見(東海大付第四高)
48 齋藤綱(北照高)
75 佐竹コーチ(東海大付第四高)

関西出身者27名

兵庫
22 村西(津名高)
26 能見(鳥取城北高/鳥取県)
38 来田(明石商高)
39 飯田優(神戸弘陵高)
66 吉田凌(東海大相模高/神奈川県)
012 辻垣(学法福島高/福島県)
014 釣(京都国際高/京都府)
128 東(神戸弘陵学園高)
74 山崎勝コーチ(報徳学園高)
81 田口コーチ(西宮北高)

滋賀
25 西村(青森山田高/青森県)

奈良
14 吉田一(青森山田高/青森県)

三重
43 前(津田学園高)

大阪
4 福田(広陵高/広島県)
31 太田(天理高/奈良県)
36 山足(大阪桐蔭高)
45 阿部(酒田南高/山形県)
67 中川圭(PL学園高)
55 T-岡田(履正社高)
123 稲富(三田松聖高/兵庫県)
124 近藤(浪速高)
70 松井佑コーチ(大阪商業大堺高)
71 岸田コーチ(履正社高)
79 辻コーチ(松商学園高校/長野県)

京都
16 平野佳(鳥羽高)

和歌山
28 富山(九州国際大付高/福岡県)
003 中田(大阪桐蔭高/大阪府)

東北出身者4名

秋田
73 高山コーチ(秋田商業高)
78 中嶋監督(鷹巣農林高)

福島
016 古長(九州国際大付高/福岡県)

宮城
007 佐藤(柴田高)

※青森、岩手、山形出身者なし

関東出身者30名

群馬
3 安達(榛名高)
8 後藤(前橋商高)
33 松井雅(桐生第一高)
95 神戸(前橋育英高)
80 小島コーチ(桐生第一高)

埼玉
2 若月(花咲徳栄高)
11 山﨑福(日大三高/東京都)
013 宇田川(八潮南高)
120 岡崎(花咲徳栄高)

神奈川
0 勝俣(東海大菅生高/東京都)
37 中川颯(桐光学園高)
46 本田(星槎国際湘南高)
54 黒木(橘学苑高)
001 佐藤一(横浜隼人高)
127 田城(八戸学院光星高/青森県)

栃木
29 田嶋(佐野日大高)

東京
5 西野(東海大付浦安高/千葉県)
6 宗(横浜隼人高/神奈川県)
68 鈴木(雪谷高)
008 松山(都立第四商業高)
83 小谷野コーチ(創価高)
85 高口コーチ(創価高)
84 鈴木昂コーチ(東海大菅生高)
中垣コーチ(狛江高)

茨城
005 鶴見(常磐大高)
015 佐野如(霞ヶ浦高)
91 飯田大コーチ補佐(常総学院高)

千葉
30 K-鈴木(千葉明徳高)
61 榊原(浦和学院高/埼玉県)
酒井コーチ(東海大付浦安高)

血液型

A型(23名)
4 福田, 19 山岡, 37 中川颯, 46 本田, 008 松山
8 後藤, 29 田嶋, 38 来田, 54 黒木, 011 川瀬
13 宮城, 30 K-鈴木, 39 飯田優, 58 金田, 125 西浦
14 吉田一, 33 松井雅, 41 佐野皓, 66 吉田凌
17 増井, 35 比嘉, 43 前, 003 中田

B型(25名)
0 勝俣, 15 荒西, 47 海田, 63 山﨑颯, 95 神戸
6 宗, 24 紅林, 49 澤田, 64 廣澤, 99 杉本
9 大城, 31 太田, 55 T-岡田, 65 漆原, 007 佐藤優
11 山﨑福, 34 吉田正, 57 山田, 67 中川圭, 015 佐野如
12 山下, 45 阿部, 62 中川拓, 68 鈴木優, 127 田城

O型(23名)
2 若月, 22 村西, 53 宜保, 012 辻垣, 124 近藤
3 安達, 25 西村, 98 張, 013 宇田川, 128 東
5 西野, 27 元, 002 谷岡, 014 釣, 130 フェリペ
16 平野佳, 48 齋藤綱, 004 平野大, 016 古長
21 竹安, 50 小田, 005 鶴見, 123 稲富

AB型(10名)
18 山本, 40 大下
23 伏見, 44 頓宮
26 能見, 61 榊原
28 富山, 001 佐藤一
36 山足, 120 岡崎

不明(5名)
9 モヤ, 10 ジョーンズ, 32 ディクソン, 52 ヒギンス, 69 ロメロ

年齢

※表記は満年齢

年齢	選手
19歳	12 山下, 24 紅林, 27 元, 38 来田, 62 中川拓, 011 川瀬, 012 辻垣, 014 釣
20歳	13 宮城, 31 太田, 43 前, 001 佐藤一, 002 谷岡, 003 中田, 004 平野大, 005 鶴見
21歳	53 宜保, 008 松山
22歳	46 本田, 64 廣澤, 123 稲富, 125 西浦, 127 田城, 128 東, 130 フェリペ
23歳	18 山本, 37 中川颯, 61 榊原, 63 山﨑颯, 013 宇田川, 015 佐野如, 120 岡崎
24歳	0 勝俣, 22 村西, 28 富山, 40 大下, 66 吉田凌, 68 鈴木, 007 佐藤優
25歳	6 宗, 25 西村, 29 田嶋, 41 佐野皓, 44 頓宮, 48 齋藤綱, 65 漆原, 67 中川圭
26歳	2 若月, 19 山岡
27歳	21 竹安, 30 K-鈴木, 49 澤田, 54 黒木, 95 神戸, 98 張, 016 古長
28歳	8 後藤, 9 大城, 34 吉田正, 36 山足
29歳	4 福田, 11 山﨑福, 15 荒西, 45 阿部
30歳	1 モヤ, 52 ヒギンス, 57 山田, 99 杉本, 124 近藤
31歳	5 西野, 23 伏見, 39 飯田優, 58 金田
32歳	14 吉田一, 50 小田
33歳	3 安達, 55 T-岡田, 69 ロメロ
34歳	33 松井雅, 47 海田
35歳	
36歳	10 ジョーンズ
37歳	16 平野佳, 17 増井, 32 ディクソン
38歳	
39歳	35 比嘉
40歳	
41歳	
42歳	26 能見

平均 26歳

B5 選手の傾向がひと目でわかる!?
意識調査アナタはと

Q1 朝食はどっち派?

ご飯 **85**%

パン **14**%

ご飯派が多数を占める結果に。
朝食はフルーツヨーグルトと回答する選手が!?

Q2 ご飯の好みはどっち?

かため
65%

やわらかめ
32%

かためのご飯が好きという選手が約7割を占めました。
また、中間がいいとの回答も。

Q3 味覚の好みはどっち?

甘党
56%

辛党
41%

約6割が甘いものが好きと回答。
甘党でもあり辛党でもあるとの回答もあり。

Q4 目玉焼きの黄身の好みはどっち?

半熟
81%

固め**17**%

諸事情により回答ができなかった選手を除いて、大多数が半熟派。

Q5 好物を食べるタイミングはどっち?

最後に
食べる
58%

最初に食べる
38%

おいしいものは最後にとっておくという選手が半数を超えました。
中間に食べるという回答もあり。

Q6 好きな動物はどっち?

イヌ
81%

ネコ **16**%

イヌ派が全体の約8割を占める結果に。また、回答なし、両方好きという答えも。

Q7 自分の性格は? その1

アウトドア**62**%

インドア **37**%

野外スポーツである野球選手らしく、私生活でもアウトドア派が
約6割を占めました。また、両方との回答もあり。

Q8 自分の性格は? その2

ボケ
47%

ツッコミ
46%

ボケ、ツッコミが半々となる結果に。
なお、回答なし、両方あてはまると答えた選手も。

うーん、どっちがいいかな？

っち？

バファローズの選手たちに、簡単な意識調査を実施。好みの食べ物や動物、性格についてなど全16問を二者択一で答えてもらいました。選手たちの傾向はどうなったでしょうか。

Q9 自分の性格は？ その3

優柔不断型 **52**%
即決型 **46**%

瞬時の決断力が要求される職業ですが、プライベートでは優柔不断が多い結果に。

Q10 自分のタイプはどっち？

寒がり **25**%

暑がり **68**%

暑がりという選手が約7割に。暑がりでもあり、寒がりでもあるとの回答も。

Q11 モノを買うとき優先するのはどっち？

デザイン性重視 **60**%

機能性重視 **37**%

使いやすさよりも、見た目の印象を大事にする選手が半数以上いました。どちらも重視すると答えた選手も。

Q12 好みの枕はどっち？

かため **56**%
やわらかめ **43**%

プロ野球選手にとって睡眠も大事な練習。好みの枕も分かれた印象

Q13 使用しているトイレットペーパーはどっち？

ダブル **79**%

シングル **19**%

一般的にシングルのほうが経済的と言われますが、選手内ではダブルが大人気

Q14 恋愛でいいのはどっち？

愛したい **48**%
愛されたい **43**%

僅差の結果になった恋愛体質。無回答、両方との回答もありました。

Q15 好きな昆虫はどっち？

カブトムシ **54**%
クワガタムシ **43**%

"昆虫の王様"のカブトムシ派が約6割。なお、昆虫嫌い、無回答もあり。

Q16 出かけるならどっち？

海 **79**%
山 **21**%

約8割が海派と回答。灼熱の太陽の下で、海水浴は楽しいですよね。

選手たちの素顔をリサーチ!?
Bs RANKING 2021

毎年恒例の好評企画「BsRANKING」。今年も選手のみなさんのご協力のもと、アンケートを実施！
今年もアンケート結果とともに、選手の意外な一面をチェックしよう！

男前！マジでモテる No.1

1位 小田 裕也 16票

イケメン！／かっこいい／好き！／クール／顔が／ただただイケメン／THE イケメン／立ち姿も全てかっこいい

2位 海田 智行 12票

顔！かっこいい！漢気／顔／かっこいい！／好き♡／見ての通り／大人の色気がある／素直にかっこいい／大人の感じが素敵

3位 山岡 泰輔 11票

かっこいい／イケメン／オシャレ／顔もいいし、野球も上手い／とにかくオシャレ／シンプルにイケメン／ファッションがいい！

番外編
岸田 護コーチ 不動！
増井 浩俊 優しすぎて惚れる

おもしろい！ムードメーカー No.1

1位 太下 誠一郎 11票

声がでかい／うるさい／おもしろい／ベンチでも元気／常に声が聞こえる／誰よりも目立つしおもしろい／常に元気

2位 荒西 祐大 6票

常に笑顔にさせてくれる／常におもしろい／いつも笑える／ついつい笑っちゃう

2位 榊原 翼 6票

常にテンパ／盛り上げるのが上手い、よいしょする／シンプルにおもしろい／本当にバカ／とにかくおもしろい

番外編
頓宮 裕真 シンプルにバカ／アホなことばっかり言っている／ベンチでの声がおもしろい
稲富 宏樹 勢いでなんでもやる／変なことばかりしている／困ったらイナトミ

頼れる！リーダーシップ No.1

1位 伏見 寅威 22票

まとめてくれる／そのつもりで頑張っています／円陣でいつも喋る／しっかりしている／頼れる／常に頼れる人／常日頃から／たくさん教えてくれる／この人しかおらん／声を常に出している／言うことは言ってくれる、しっかりしている／まとめるのが上手い

2位 海田 智行 5票

渋いんです！／かっこいい／頼れる

3位 近藤 大亮 4票

男気がある／頼りになる／引っ張ってくれる／兄貴的な感じ

番外編
福田 周平 自分勝手が逆にいい
T-岡田 プライベートも野球も頼れる／お兄さんみたい

かわいい！気になる後輩 No.1

1位 平野 大和 8票

なぜか癒される／のんびりしている／バカでおもしろい（舐めてる）／なまりがすごい／イントネーション／かわいい、おもしろい

2位 山本 由伸 7票

あざとい／なんかすごく気になる

3位 宮城 大弥 4票

うざかわいい／可愛い／おもしろい

番外編
村西 良太 宇宙人／ずっとニヤニヤしている
谷岡 楓太 プーさんみたい

不思議!? 癖が強い No.1

2位
田嶋 大樹 8票
ボケーっとしている／感情があまりない／何を考えているか分からない／良く分からない

3位
本田 仁海 5票
変な人／何を考えているのか分からない／くせが強い

1位
吉田 正尚 16票
宇宙人／見たまんま／行動がなぞ／ワールドがある／常になぞ／なにを考えているか分からない／不思議な人／風呂にめっちゃ入る

番外編
山﨑 颯一郎
その辺をフラフラしている／なんか癖が……
前 佑囲斗 不思議ちゃん

バッキバキ! 筋肉ボディ No.1

1位
近藤 大亮 25票
腹筋で大根をおろせる／バキバキ／腹筋がすごい／ムッキムキ／誰が見てもすごい／雲のジュウザみたい／ターミネーター／服の上からでもわかる腹筋／シックスパックがすごい／腹筋がごつかった

2位
西浦 颯大 5票
モテBODY／見た目／全身バキバキすぎる／すごい

3位
福田 周平 4票
美しい!／えぐい

香水? 柔軟剤? いい匂い No.1

1位
小田 裕也 12票
なんかいつもいい匂い／試合中もいい匂いがする／いい香り／常にいい匂い／状態がいい／男前臭がプンプンする／イケメンだし、とにかくエロい匂いがする

2位
山﨑 福也 8票
イメージ／いつもいい匂いをしている／すれ違うときいい匂いがする

3位
T-岡田 6票
自分の家で洗っているから／柔軟剤が好き／いい匂い

番外編
山岡 泰輔 Good／香水いっぱい持っている／いい匂いがする／常に香水の匂いがする
大城 滉二 私服の匂いがいい（結婚して変わった）

甘党! スイーツ男子 No.1

2位
稲富 宏樹 3票
必ず甘いものがある／ドーナツをいっぱい食べているイメージ

3位
頓宮 裕真 2票
食べてそう／常に甘いものを食べているイメージ

1位
杉本 裕太郎 11票
顔に似合わず／常に甘いものを食べている／口開いたらパンケーキって言ってる／好き／パンケーキ好き／タピオカくれた／いつもパンケーキが頭にある／いつもパンケーキの話している

番外編
松井 雅人
2時間並んでケーキを買ってた
山岡 泰輔
甘いものが似合う

胸キュン！ あざと可愛い No.1

1位 山本 由伸 11票
狙ってる／かわいい／すけべなところ／笑顔がかわいい／自分のかわいい部分をわかっている

2位 宜保 翔 5票
うざいけどいい子／狙ってる／かわいい

2位 宮城 大弥 5票
いちいちかわいい／何となくかわいい／かわいい

番外編
廣澤 伸哉 かわいい子ぶるときがあるし、あざとい
前 佑囲斗 顔がかわいい／自分をかわいいと思っている

まるでコック！ 料理上手 No.1

1位 竹安 大知 29票
1人暮らしが長いから／動画を見た／ローストビーフとかつくる／なんでもつくれる／うまいらしい／インスタに載せていた／話を聞く限りうまそう／好きらしい／いつもつくっているイメージ／料理の話をよく聞く／上手とみんなから聞く／低温調理器とか持っている／料理の話が多い／インスタで料理動画が上がってておいしそうだった／インスタですごかった

2位 杉本 裕太郎 5票
うまそう／イメージ／パンケーキ美味しそう／パティシエ

3位 佐野 皓大 2票
できそう／なんでも美味しい

番外編
黒木 優太 包丁にもこだわっている
山本 由伸 鍋料理が得意らしい

歌手デビュー♪ 歌が上手い No.1

1位 宗 佑磨 20票
鼻歌がうまい／いつも歌ってる／必ずオリコン1位になれる／よく歌ってる／うまい、口笛も／ビブラートがいい／単純に上手い／いつも歌っていてうまい／歌いすぎ／マジでデビューしてほしい

2位 近藤 大亮 7票
TUBEがうまい／普通にめっちゃうまい／シンプルにうまい／普通にうまい

3位 佐藤 優悟 6票
風呂場でハモってる／いつも歌っている／風呂場で歌うのがめちゃくちゃ上手い／風呂場でいつも歌っている

番外編
大城 滉二 長渕剛の真似が上手い
榊原 翼 いいリズム／うまい／いつも歌ってる

あふれる色気！ セクシー No.1

1位 小田 裕也 14票
そのまんま／エロい／いつでもセクシー／NO.1／大人の色気がある／とにかくひたすら男前／かっこいい／セクシー

2位 山岡 泰輔 3票
おしゃれ／セクシー

2位 杉本 裕太郎 3票
ラオウ／セクシーではないけど、いつも練習中ノーパン

番外編
平野 大和 部屋でも格好がセクシー
金田 和之 哀愁がいい

怖がり!? ビビり No.1

1位 金田 和之 10票
ビビりすぎ／リアクションがでかい／挨拶しただけでビビる／ちょっとしたことですぐ驚く／色々なことにびくついている

2位 近藤 大亮 4票
おばけ屋敷に前に行ったことがあって耳を塞いでいた／虫が苦手

2位 杉本 裕太郎 4票
この前、おばけ屋敷で半泣きになってた／ビビり

番外編
佐竹 学コーチ いつも虫を投げられている
宗 佑磨 飛行機のとき、いつもビビってる／虫に弱い

イマドキ男子！インフルエンサー No.1

2位
西浦 颯大 12票

自撮りがうまい／人気NO.1／インスタとかすごい／いつもインスタを見てすごいと思う／更新頻度が早いから／よく投稿している

3位
山﨑 颯一郎 2票

しゃれてる。腹立つけど／チャラい

1位
山岡 泰輔 33票

フォロワーが多い／女子みたい／うまそう／インスタグラマー／いつもインスタしているイメージ／チャラい／私生活などもよく載せている／まとめがうまい／SNS上手／インフルエンサー／SNSの使い方がうまい／すごく詳しい

意外！運動音痴 No.1

1位
本田 仁海 10票

ジャンプができない／野球選手でよかったと思う／投げること以外できない／ちょっと変わった動きのアップとかができない／レベルが違う／運動音痴っぽい

2位
山﨑 颯一郎 5票

センスがない／走り方がキモいのに速い

3位
松山 真之 4票

動きが変／いまだにアップ中はぎこちない／アップのリズム系ができない／リズム感がない

番外編	
若月 健矢	リズム感がない／鈍臭い
大城 滉二	泳げない

涙もろい……感動屋さん No.1

1位
榊原 翼 9票

すぐ泣く／よく一人で映画を見ている／よく泣いて笑う／映画見たらすぐ泣く／すぐ泣く

2位
近藤 大亮 4票

イメージ／映画ですぐ泣く／鬼滅の刃の映画見て泣いていた／映画を見て「これ感動した」って言ってるのをよく聞く

3位
廣澤 伸哉 2票

映画とかも泣きそうになる／たまに泣いている

練習の虫！努力家 No.1

2位
山足 達也 9票

いつもいない／すごい／いつもバット振っている／よく追い込んでいる

1位
張 奕 13票

永遠練習／見たら何かトレーニングしている／頑張っている／ウエイト場の主／よく練習で最後まで残っている／堂々の1位／努力家／すごい練習している

3位
大下 誠一郎 8票

ザ・努力家

番外編	
伏見 寅威	このアンケートに載るためにやってる（笑）
モヤ	まじで頑張っている
選手全員	さすがプロです

選手のみなさん、ご協力ありがとうございました！

TEAM MASCOT

多くのみなさまに愛されているオリックス・バファローズ公式マスコット
「バファローブル」と「バファローベル」。やんちゃでパワフル！好奇心旺盛な
お兄ちゃんと、愛嬌たっぷり優しい妹のふたりが、お互いをフォローし合い
ながら、チームを全力で応援し、盛り上げます。

今シーズンも
熱い応援を
よろしくね！
みんなといっぱい
遊べますように〜♪

はやくみんなに
会いたーい！

111 バファローブル
Buffalo BULL

バファローズ愛にあふれた、やんちゃでパワフルな好奇心旺盛のお兄
ちゃん。ファンサービスは常に全力投球！目指すはマスコット界の日本一。
「Buffalo BULL」の「ブル」という名前は、目の色の「BLUE（ブルー）」と強
く勇敢な雄牛「BULL（ブル）」を意味している。さらに、ファンを「ブルブル」と
身震いさせるような熱い戦い、勝利を！という思いが込められている。

222 バファローベル
Buffalo BELL

愛嬌たっぷりのバファローブルの妹。名前の由来は、勝利の女神で、勝利の
「鐘（ベル）」を鳴らし、かわいらしさと「美しさ（フランス語のBelle）」の意味
が込められている。キュートな表情に、かわいらしい仕草で胸キュンする人も
多い。おしゃれなコーディネートにも注目だ！

VOICE NAVIGATOR & UTAERU REPORTER

オリックス・バファローズ主催試合でアナウンスを担当する"ボイス・ナビゲーター"の神戸佑輔さんと、新たに加わった"うたえるリポーター"略して"うたリポ"の田畑実和さんのふたりが、今シーズンも球場内外を盛り上げます!

【Q&Aの見方】
①ココを見て ②こう呼んで ③〇〇オタク ④アウトな一面 ⑤癒し ⑥ちょっとした自慢 ⑦ラッキーカラー ⑧お気に入りミュージシャン ⑨ポリシー ⑩ちょっとした贅沢 ⑪動物に例えると ⑫今シーズンの目標・公約はコレだ!

| ボイス・ナビゲーター | 神戸 佑輔 KANBE YUSUKE | うたリポ | 田畑 実和 TABATA MIWA |

いつもチームに温かい応援をありがとうございます。球場に観に来てくださる方の思い出に残るような、テレビや画面の前で応援される方へ球場の臨場感をお届けできるようなアナウンスができるように頑張ります。自分にいただいた役割を果たし、みなさんとバファローズの勝利に向けて一緒に応援できることを楽しみにしています。今年もよろしくお願いいたしますね!

Q&A　Kanbe Yusuke

①声の音域 ②かんべ ③柿の種 ④寒さにとっても弱いです ⑤舞子の海辺 ⑥長距離はそこそこ得意です ⑦赤 ⑧寺井尚子さん ⑨寝るときは必ず口をテープで閉じて寝ます ⑩コンビニで値段を考えずに選ぶこと ⑪カメ ⑫正確に、敬意の気持ちを込めたアナウンスができるように頑張ります

いつも温かい応援ありがとうございます!
みんなでバファローズを盛り上げていきましょう!

Q&A　Tabata Miwa

①笑顔→笑ったときの八重歯がチャームポイントです。歌声→ピアノやギターを使って歌っています ②みわ、みわちゃん ③フレッシュジュース。特にいちごご味が美味しいです! ④泳げない。クロールも息継ぎができず、25m泳げません…… ⑤セルフネイル→自分のイメージで色を合わせたり貼ったりするのが楽しいです。文鳥の写真を見る→昔飼っていたのでとても癒されます ⑥曲を耳コピで演奏できる。ドラムが叩ける ⑦ピンク。持ち物はほとんどピンク色を選びます ⑧ Saucy Dog ⑨何事も楽しむこと。ポジティブシンキング、悩みは寝て忘れます! 朝食を必ず食べる。一日元気に過ごすために欠かせません! ⑩スターバックスコーヒーでカスタマイズをつける。チョコレートチップを入れると美味しくなります! ⑪ウサギ。元気なところと好奇心 ⑫笑顔あふれるリポートを届けます!

Member List 2021

BsG Bs Girls

オリックス・バファローズ球団公式ダンス＆ヴォーカルユニット「BsGirls」。
2021年シーズンをもってBsGirlsを卒業するCHALを筆頭に、
14名が今シーズンもバファローズを盛り上げます！

[Q&Aの見方]
❶私のココを見てくれ！ ❷私をこう呼んでくれ！ ❸私は〇〇オタク！ ❹私のアウトな一面！ ❺私の癒し！
❻私のちょっとした自慢！ ❼私のラッキーカラー！ ❽私のお気に入りミュージシャン！ ❾私のポリシー！
❿私のちょっとした贅沢！ ⓫私を動物に例えると！ ⓬私の今シーズンの目標・公約はコレだ！

4月7日(水)
Release!

9thシングル
「Show me what you got!!」

#312　Vocal/Leader
CHAL

大阪府／A型／8年目

❶全力120％のパフォーマンス
❷ちゃる！
❸K-POP、野球、アニメ
❹一度何かにハマったら
　ハマりすぎてしまうところ
❺音楽、自然、映画、旅行
❻ホノルルマラソン年代別
　世界第5位の経歴……！
❼紺、シルバー、黒
❽EXO、SuperM、NCT、YG、
　AAA
❾いつも謙虚に
❿頑張ったあとに行く
　少し高級な焼肉屋さん
⓫黒ひょう
⓬チームの優勝！

Message to Fans

8年目を迎えました。
そして今季をもってBsGirlsを卒業します。
みなさま、本当にありがとうございました。
最後の日まで感謝の気持ちを胸に。
チームを優勝へ導けるよう、
これまでのすべてを捧げます！
今シーズンもよろしくお願いいたします！

#337　Performer
MIYU

滋賀県／B型／6年目

❶笑った時のタレ目。たまに見えるえくぼ
❷MIYU、パンダ
❸パンダオタク！カメラ、ゴルフ、映画鑑賞も好きです
❹カエルが本当に苦手です。
❺大好きな愛犬2匹
❻ご飯の時だけ両方の手で食べる事ができます！
❼ホワイト！
❽AAAさん、Nissyさん、EXOさん、
　清水翔太さん、SEVENTEENさん
❾何事も初心を忘れない
❿ずっと通っているお姉さんの
　リンパマッサージ！
⓫パンダ
⓬何でも挑戦する事が好きなので、
　恐れず沢山のことを挑戦して成
　長していきたいです。
　そして今年はCHALさんがLast
　yearという事で、安心して卒業
　してもらえるようにしっかり
　サポートし、メンバーのみんな
　も引っ張っていけるよう
　に全力で活動します！

Message to Fans

ファンのみなさま。いつもオリックス・バファ
ローズへのご声援、そしてBsGirlsを支えてく
ださりありがとうございます！
私にとってファンのみなさまはかけがえのな
い大切な存在です。
2021シーズン、チームを勝利へ導けるよう全
員でひとつになり熱い声援を送りましょう！
今シーズンもよろしくお願いいたします！

354 Vocal
SAYAKA

石川県／Ａ型／３年目

- 笑った時に出るえくぼ
- SAYAKA、さっちゃん
- K-pop
- 後片付けが苦手
- 好きなアーティストさんの動画をみること
- 身支度の速さ
- 桜色
- TWICE
- 1日1回アイスを食べる
- 休みの日は家から出ず
- 寝溜めをする
- カエル
- BsStageでみなさんと一緒に
  楽しむこと！
  そして、チームの優勝！

ssage to Fans

2020シーズンもたくさんのご声援
ありがとうございました！
2021シーズンも変わらずバファローズと
BsGirlsの応援、よろしくお願いします！
笑顔溢れる1年でありますように……！

355 Vocal
INA

大阪府／Ａ型／３年目

- 普段とパフォーマンス中のギャップ
- いなてん
- 美容ヲタク
- 集合体がニガテ
- 半身浴をしながら映画鑑賞
- なにかというも運が良い
- 紺色、シルバー
- Jackson Wangさん、NCTさん
- 歌う日は特製ドリンクを飲む
- いつもより高級な顔の
  パックを使う
- ハイエナ
- ファンのみなさまと
  INAポーズをする！

Message to Fans

2021シーズンもみなさまと一緒にオリッ
クス・バファローズを応援できること幸
せに思います。
今シーズンもよろしくお願いいたします

356 Performer
AMANE

奈良県／Ｏ型／３年目

- うっすらエクボ
- マネ
- 映画、アニメ
- 〇〇がすごく苦手
- 物の画像を見る、好きな映画を観る事
- 韓国語ができる
- ●ANIMA、BLACKPINK、東方神起、
  eautiful」/ Crush（크러쉬）
- 負の日は美味しい物を食べる
- い物をいっぱい食べる
- つじ
- ワーアップしたAMANEを
  せれるよう頑張りたいです。

sage to Fans

いつも応援ありがとうございます
年はあまりみなさまとお会いする機会
が少なかったので今年はたくさんみなさ
まとお会いしたいです!!!
パワーアップしたAMANEをみせれるよう
頑張るので応援よろしくお願いします

358 Performer／Sub leader
NATSU

兵庫県／Ａ型／３年目

- やっぱりパフォーマンスを見て欲しいっ！
- なつ、なっちゃん
- MARVELヲタク、モンクロのガチヲタ
- カラーも何も絶対に無理
- 格以系マシンに乗ってストレス発散
- 生まれた時から髪が生えていた（笑）
- 黒一択！
- BIGBANG
- コーヒーはブラックしか飲まない！
- 好きなブランドで顔を覆うこと
- コツメカワウソ
- 色んなことに挑戦し、
  成長し続けていくこと！

Message to Fans

活動を始めてからファンのみなさまからの温かい
メッセージにいつも励まされ支えられています！
それをパフォーマンスで返していけるよう
もっともっと成長していきます！
いつもありがとう!! 大好きっ!!

#359 Performer/ Sub leader
YURINA

岡山県／O型／3年目

❶身長を生かしたパワフルパフォーマンス・漆黒ストレートヘア・目力
❷YURINA
❸トレーニング・プロテイン
❹力が入りすぎるところ
❺実家の愛猫・美味しいもの
❻学生時代にダンス部世界大会優勝・空手で全国3位(世界大会出場権獲得)・潤動神経と筋力
❼黒・バーガンディー
❽EXILE
❾早寝早起き朝ごはん！沢山食べて沢山動く！
❿1人で外食
⓫猪干
⓬限界突破！何事にも挑戦！パワーアップ！バファローズ優勝へ!!

Message to Fans

いつも応援ありがとうございます！今シーズンで3年目となるYURINAですがバファローズイヤーということで、更なる飛躍の年になるように全力で取り組んでいきます。みなさん今シーズンもよろしくお願いします！

#360 Performer
REINA

大阪府／A型／3年目

❶笑顔、ダンス
❷REINA
❸YouTube
❹ビビりなところ笑
❺小さい子の動画を見ることが癒し♡
❻早起きが得意！
❼ピンク
❽Nissyさん、ベリーグッドマンさん
❾いつでも笑顔！
❿好きなブランドのお洋服やデパコスを買うこと！
⓫犬(性格が犬みたいって言われます笑)
⓬チームを優勝に導けるよういつも全力パフォーマンス！そしてみなさまに笑顔とパワーを届けることです！

Message to Fans

大好きなファンのみなさまいつも温かいメッセージ本当にありがとうございます。今シーズンもREINASMILE全開で頑張ります！よろしくお願いいたします！

#362 Performer
NUI

大阪府／A型／2年目

❶チャームポイントはホクロ
❷NUI、ぬーちゃん、ぬー
❸映画！BsGirls!
❹忘れ物や無くし物が多い所
❺ワンちゃんの動画を見ること
❻どこでも寝られる
❼オレンジ
❽BsGirls!! Shake It, spirits, Changed
❾目のメイク
❿好きなブランドの服を買うこと
⓫犬
⓬スキルアップ!!

Message to Fans

昨シーズンはたくさんのご声援本当にありがとうございました！感謝の気持ちでいっぱいです！今シーズンも一緒にたくさん思い出つくりましょう！よろしくお願いします!!

#366 Vocal
KAZANE

大阪府／A型／1年目

❶黒髪ロング
❷かざね
❸美味しい物を食べること
❹虫、おばけ、高所恐怖症
❺睡眠、マッサージに行く
❻指の関節が変わってる
❼ピンク
❽倖田來未
❾最初の一口目は野菜から
❿生ハムを一枚ずつじゃなく塊で食べる、ちょっと高めのパックをたまに使う
⓫カマキリ
⓬先輩達の足を引っ張らないのと、自分が少しでも成長できるよう努力の年にしたい

Message to Fans

はじめまして！KAZANEです！これから1年間よろしくお願いいたします！

#367 Performer
YUI

大阪府／O型／1年目

①見た目と中身のギャップ♡
②YUI
③スキンケア
④朝が弱い
⑤岩盤浴にいく！
⑥首が長い事！
⑦ビビットピンク
⑧安室奈美恵さん
⑨部位によってせっけんをかえる！
⑩ケーキ屋さんで迷った時は2つとも食べる
⑪いぬ
⑫全力だすだけではなく、全てにこだわりをもってやりきる！

Message to Fans
BsGirlsになれたおかげでみなさまに出会えたことに感謝します。ありがとうございます！♡

#368 Performer
MIKU

兵庫県／A型／1年目

①MIKUスマイル♡
②MIKU、みくりん
③ウォーキング
④おばけが苦手
⑤緑！自然！田舎の景色！
⑥鍋で美味しいご飯が炊ける
⑦オレンジ
⑧NiziU
⑨毎日果物を食べる
⑩大好きなスイカを半分に切ってスプーンで食べる！
⑪カエル
⑫沢山の方にBsGirlsのことを知ってもらう!!!

Message to Fans
いつもオリックス・バファローズ、BsGirlsの応援ありがとうございます
これからたくさんのMIKUスマイルを届けて、1人でも多くの方に笑顔になってもらえるように頑張ります!!
これからも応援よろしくお願いします

#369 Performer
SENA

三重県／O型／1年目

全力笑顔とパワフルなダンス
SENA
くまのぬいぐるみオタク！
朝が弱いところ
好きな映画を見ながらゴロゴロすること
フットワークが軽い
ピンク！
フェアリーズ
笑顔を絶やさない
がんばった日はケーキを食べる
コアラ
コロナに負けず、オリックス・バファローズを全力で応援していきたいと思います!!

Message to Fans
新メンバーのSENAです。一生懸命頑張るので応援よろしくお願いします！

#370 Performer
MAHO

愛知県／O型／1年目

①右えくぼ
②まほ
③インスタグラムで可愛い人見ること
④グモが苦手すぎる
⑤布団の中
⑥手を握るだけで腕の骨がなる
⑦紫
⑧EXILE
⑨感謝の気持ちを忘れず踊ること！
⑩新作のスタバ
⑪コアラ
⑫元気と笑顔でパフォーマンスすること

Message to Fans
初めましてMAHOです。今シーズン、全力のパフォーマンスで盛り上げていきたいと思います。よろしくお願いいたします!!

GAME SCHEDULE
一軍公式戦日程

> 新型コロナウイルス感染状況により、試合日程・試合開始時間等が変更になる場合があります。最新情報は球団ホームページでご確認ください。

3・4月 MARCH & APRIL

月	火	水	木	金	土	日
3/22	23	24	25 2021シーズン開幕 ▶▶▶▶	26 vs.埼玉西武 メットライフ 18:00	27 14:00	28 13:00
29	30 OPENING GAME	31 OPENING GAME	4/1 OPENING GAME vs.福岡ソフトバンク 京セラD大阪 18:00	2 18:00	3 vs.東北楽天 楽天生命 14:00	4 14:00
5	6 vs.千葉ロッテ ZOZO 18:00	7 18:00	8 18:00	9 vs.北海道日本ハム 京セラD大阪 18:00	10 14:00	11 13:00
12	13 vs.福岡ソフトバンク PayPay 18:00	14 18:00	15 18:00	16 vs.千葉ロッテ 京セラD大阪 18:00	17 14:00	18 13:00
19	20 vs.埼玉西武 京セラD大阪 18:00	21 18:00	22 18:00	23 vs.北海道日本ハム 札幌D 18:00	24 14:00	25
26	27 vs.東北楽天 京セラD大阪 18:00	28 18:00	29 14:00	30 vs.福岡ソフトバンク 京セラD大阪 18:00		

5月 MAY

月	火	水	木	金	土	日
					1 vs.福岡ソフトバンク 京セラD大阪 14:00	2 13:00
3	4 vs.埼玉西武 メットライフ 18:00	5 14:00	6 13:00	7 vs.千葉ロッテ ZOZO 18:00	8 14:00	9 14:00
10 vs.千葉ロッテ ZOZO (予備日)	11 vs.北海道日本ハム 東京D 18:00	12 18:00	13	14 ★ vs.東北楽天 ほっと神戸 18:00	15 ★ 15:30	16 京セラD大阪 14:00
17	18 vs.千葉ロッテ 京セラD大阪 18:00	19 18:00	20	21	22 vs.福岡ソフトバンク PayPay 13:00	23 鹿児島 14:00
24	25 vs.横浜DeNA 横浜 18:00	26 18:00	27 18:00	28 vs.東京ヤクルト 京セラD大阪 18:00	29 18:00	30 13:00

5・6月 MAY & JUNE

月	火	水	木	金	土	日
5/31	6/1 vs.阪神 甲子園 18:00	2 18:00	3 18:00	4 vs.中日 バンテリン 18:00	5 14:00	6 14:00
7	8 vs.巨人 京セラD大阪 18:00	9 18:00	10 18:00	11 vs.広島 京セラD大阪 18:00	12 14:00	13 13:00
14	15	16	17	18 vs.東北楽天 楽天生命 18:00	19 14:00	20 13:00
21	22 vs.北海道日本ハム 京セラD大阪 18:00	23 18:00	24 18:00	25 vs.埼玉西武 京セラD大阪 18:00	26 14:00	27 13:00
28	29 vs.千葉ロッテ 京セラD大阪 18:00	30 18:00				

7月 JULY

月	火	水	木	金	土	日
			1	2 vs.埼玉西武 メットライフ 18:00	3 14:00	4 13:00
5	6 Bs夏の陣2021	7 Bs夏の陣2021	8 Bs夏の陣2021 vs.東北楽天 京セラD大阪 18:00	9 vs.福岡ソフトバンク PayPay 18:00	10 18:00	11 14:00
12	13 vs.北海道日本ハム 釧路 13:00	14 帯広 13:00	15	16	17	18
19	20	21	22	23	24	25
26	27	28	29	30	31	

8月 AUGUST

月	火	水	木	金	土	日
						1
2	3	4	5	6	7	8
9	10	11	12	13 vs.千葉ロッテ ZOZO 18:00	14 17:00	15 17:00
16	17 ★ Bs夏の陣2021 vs.北海道日本ハム ほっと神戸 18:00	18 ★ Bs夏の陣2021 18:00	19 vs.北海道日本ハム ほっと神戸 (予備日)	20 Bs夏の陣2021 vs.埼玉西武 京セラD大阪 18:00	21 Bs夏の陣2021 14:00	22 Bs夏の陣202 13:00
23	24 vs.東北楽天 楽天生命 18:00	25 18:00	26 18:00	27 Bs夏の陣2021 vs.福岡ソフトバンク 京セラD大阪 18:00	28 Bs夏の陣2021 14:00	29 Bs夏の陣202 13:00

8・9月 AUGUST & SEPTEMBER

月	火	水	木	金	土	日
8/30	31	9/1	2	3	4	5
	vs.北海道日本ハム 札幌D			vs.福岡ソフトバンク PayPay		
	13:00	18:00	18:00	18:00	14:00	13:00
6	7 ★	8 ★	9 ★	10	11	12
	vs.千葉ロッテ ほっと神戸			vs.埼玉西武 メットライフ		
	18:00	18:00	18:00	18:00	14:00	13:00
13	14	15	16	17	18	19
	vs.東北楽天 楽天生命			vs.埼玉西武 京セラD大阪		
	18:00	18:00	18:00		14:00	13:00
20	21	22	23	24	25	26
vs.埼玉西武 京セラD大阪		vs.北海道日本ハム 京セラD大阪		vs.東北楽天 京セラD大阪		
13:00		18:00	14:00	18:00	14:00	13:00
27	28	29	30			
	vs.千葉ロッテ ZOZO					
	18:00	18:00	18:00			

10月 OCTOBER

月	火	水	木	金	土	日
				1	2	3
				vs.福岡ソフトバンク 京セラD大阪		
				18:00	14:00	13:00
4	5	6	7	8	9	10
	vs.北海道日本ハム 京セラD大阪				vs.福岡ソフトバンク PayPay	
	18:00	18:00			14:00	13:00
11	12	13	14	15	16	17
	vs.千葉ロッテ 京セラD大阪			vs.北海道日本ハム 札幌D		
	18:00	18:00		18:00	14:00	14:00
18	19	20	21	22	23	24
	vs.東北楽天 京セラD大阪		vs.埼玉西武 京セラD大阪			
	18:00		18:00			
25	26	27	28	29	30	31

バファローズ本拠地開幕シリーズ
デサント×バファローズアスレティックマスク付きチケットを限定販売!

Bs選手会プロデュースデー
バファローズの選手たちが皆さまをおもてなし!

Bsオリっこデー
ゴールデンウィークはキッズが主役に!

神戸大花火大会
人気の花火ナイトがスケールアップ!

春のファン祭り
BsCLUB会員様をはじめ、公式アプリユーザー様や有料モバイル会員様に感謝のお返しを!

Bsオリ姫デー 2021
supported by FWD富士生命
今年のコンセプトはカフェ!その名も「CAFE de BUFFALOES」。オリ姫にうれしいイベントを企画中です♪

Bs夏の陣2021
バファローズ夏のビッグイベントがさらにパワーアップ! お楽しみに!

- ■ ホームゲーム(京セラドーム大阪)
- ■ ホームゲーム(ほっと神戸)
- ▨ セ・パ交流戦

★ 花火ナイト
ほっと神戸の大人気イベント!ボールパークの夜空に大迫力の花火が舞い上がります!
※状況により変更になる場合がございます。

※日程および時刻、イベント等は変更する場合があります。
ホームページ、モバイルサイト、新聞等でご確認ください。

HOME STADIUM ホームスタジアム

京セラドーム大阪

大阪府大阪市西区千代崎3-中2-1
55,000人収容(プロ野球開催時最大席数36,220席)
両翼100m・中堅122m

電車を利用される方▼

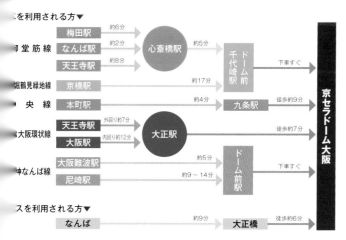

ほっともっとフィールド神戸

兵庫県神戸市須磨区緑台3251-10(神戸総合運動公園内)
35,000人収容
両翼99.1m・中堅122m

電車を利用される方▼

日々練習に励み、一軍の舞台で活躍を目指している
選手たちがファームにいます。
今シーズンも努力を続ける選手たちを応援しましょう！

FARM INFORMATION 2021

小林 宏 二軍監督

ファーム組織の舵取り役として

「二軍」、「マイナー」、「ファーム」……。球団の下部組織を表現する際の呼称は複数あるが、この中でも「養い、育て、増やす」という意味を持つ"FARM"は、まさに一軍組織への戦力供給源を表す言葉として最適なものだ。そして近年、オリックスのドラフト戦略を見るに、明らかに"育成"という方向に舵を切っていることがわかる。

昨秋のドラフトでは支配下選手6人のうち4人の高校生を指名。ここ3年を顧みても上位指名に名を連ねるのは高校生だ。つまり、即戦力よりもある一定の育成期間を設け、確かな戦力への成長を待つというスタイルを、球団は選択したのである。実際、育成という観点から見れば、この球団が見せる新人発掘と育成の能力は非常に高いといっていい。

今季、ファーム組織の現場を預かるのは小林宏二軍監督である。昨季途中、中嶋聡二軍監督が一軍の監督代行を任ぜられた際にファームの監督代行となり、今季は中嶋監督同様、"代行"の肩書をとって職務にあたる。投手コーチから監督代行、そして監督へ。"勝利と育成"を標榜するチームの中で、"育成"を掌るファーム組織の役割と責任は大きく重い。"勝利と育成"。この高く掲げた理念は、そのどちらかが欠けた状態の"片肺飛行"では成り立たない。強いチームとなるために、強いチームであるために、ファーム組織の重要度は高まるばかり。小林宏二軍監督に、話を聞いた。

取材・構成／大前一樹

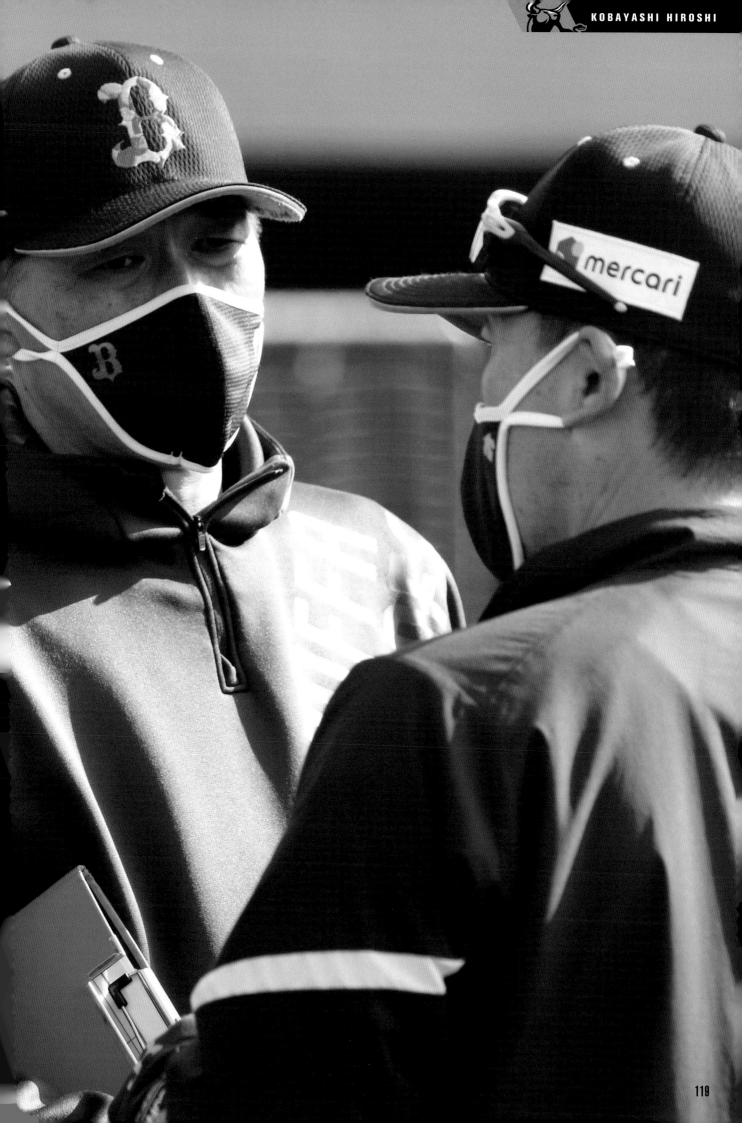

チーム全体を全員で

――昨季後半から二軍監督代行となり、今季からは二軍監督です。コーチと監督の違いは大きいのでしょうか?

　そりゃ、大きいですよ(笑)。ある程度わかってはいましたが、実際に監督となると大変です。

――見るべき範囲が広くなった?

　まずそこですね。僕の場合は投手コーチでしたので、コーチ時代はその部門だけを見ていればよかった。だけど、監督という立場になると違う。常にチーム全体を俯瞰できていないとダメ。やはり、打撃や守備、走塁はある意味専門外なわけで……。まだまだ勉強しないといけない点が多いですね。

――専門外の部分は、専門のコーチに任せるという方針でしょうか?

　はい。まずは、各セクションのコーチにしっかりと見てもらって、報告をちゃんと受ける。わからないことは、コーチに聞くこともありますし、そのあたりは小谷野(栄一・野手総合兼打撃)コーチが上手くやってくれています。コーチとの連携で、課題や問題点などの把握ができてくると、全体像がしっかり見えてくる。キャンプの中盤以降になると、ピッチング部門よりも野手の走塁や守備面、連系プレーの方により目がいくようになりましたね。

――今年のコーチングスタッフの肩書から一軍、二軍の区別が消えました。この意図は?

　中嶋監督も仰っているのですが、「チーム全体をコーチ全員で見よう」ということですね。みんなで一緒に見ることで、指導を受ける選手側の迷いがなくなるというメリットがある。首脳陣がしっかりと意見を交換し合い、現状への共通認識があることで、選手に対する助言にも方向性が生まれますから。

――キャンプ中も、練習終了後のコーチミーティ

ングに時間を割いていました。

　選手に関する情報の擦り合わせと認識の共有を重視した結果ですね。

壁にぶつかる前に軌道修正を

――小林二軍監督が抱く育成部門像とはどんなものなのでしょう?

　はっきりいって、重要かつ重い責任ですかね。このチームには本当に、将来が楽しみな選手、力を持った選手が多く在籍しています。それらの選手を、いかにプロ野球選手としての成長に導いてあげられるかだと思っています。今年の新人をみても、非常に高い能力を持った選手が複数います。僕らの役割としては、彼らが進むべき方向をしっかりと示した上で、踏んでいくべきステップを明らかにすることだと思います。正しい方向に、最も適したスピードで、プロ野球選手としての成長を助けなくてはならない。そう考えても、やはり責任は重いですよね。

――例を挙げさせてください。ドラフト1位の山下舜平大(福岡大大濠高)の場合、キャンプでのブルペンでは最初の捕手を立たせたままでのピッチングから、徐々に狙いを低くしていき、キャンプ終盤には捕手が膝立ちの高さでの投球に変わっていきました。

　そこが、「しっかりとした段階を踏んで」というところですね。高校時代にはもちろん、座った捕手に投げていたわけですから、今でも普通に投球はできるはずです。だけど、そこはプロ選手としての段階があります。舜平大には、あえてその段階を踏んでもらっている。同じ高校生からのプロ入りでも、昨年の宮城大弥とは違うステップです。ただ、舜平大だって、今季のどこかのタイミングで実戦デビューという段階にまでは持っていきたいとは考えています。

――コーチ陣とのコミュニケーションに関しては、前にお話しいただいたように、毎日のミーティングの中でしっかりと取れているということですが、小林二軍監督と選手間のコミュニケーションはいかがでしょう?

そこもまた大切なところですね。一軍と違って、より若い選手たちですので、彼らの現状や考えを正しく理解する上で、不可欠なものです。実際、選手と面談もしながら、彼らの考えを知るという作業もしました。野手に関しては、小谷野コーチが取りまとめてくれましたし。

――面談の内容はどんなものだったのでしょう?

具体的な目標もそうですし、今年、取り組みたいこと、やり通すべきことなどを聞き取りました。その上で、それらを成し遂げるためのアドバイスをしたりした。選手、個々の考えを知ることも、指導する上で役に立ちますから。

――ある程度、選手の自主性を重んじるということでもあるのでしょうが、教えるタイミングとかも難しいのでは?

そうですね。選手にもそれぞれの考え方やビジョンがありますから。ただ、選手をしっかり見ていれば、手を差し伸べるタイミングも見えてくるはずで

す。ただ、教え過ぎるのもダメ。その塩梅が難しい。

――選手が上を目指す中で壁にぶつかることもあるでしょう。

実は壁にぶつかってからでは遅いのではないかと思っています。一旦、壁にぶつかってしまうと、もとの正しい軌道になかなか戻せない。余計な時間がかかってしまうんです。

――ぶつかる前ですか……。では、どうすれば?

壁にぶつかる前に、こちらがそれを察知し、ヒントを示しながら"帰る場所"、"戻る場所"に軌道修正できるように手助けすること。壁にぶつかって

しまう前の段階で、上手くいっていたところを示してあげながらです。そのためにも、我々指導者の"目"が大切なんだと思います。もちろん、日々のコミュニケーションも大事になる。

――今季は、山崎勝己コーチ、小島脩平コーチ、松井佑介コーチ、飯田大祐ブルペン担当補佐ら、指導者1年目が多い。彼らルーキーコーチたちに期待することは?

そこは、現役選手に一番近いコーチということなので、選手目線という点で貴重な存在ですね。選手に近い立場からだこそできる指導というものがありますからね。期待しています。

ファーム組織の最大のミッション

――今季はウエスタン・リーグの公式戦以外に育成試合というものが組まれています。

育成選手も多くなって、ファームも大所帯になってきました。ウエスタン・リーグに出場できない選手に試合に出て実戦を経験してもらおうというところですね。あと、打席数や投球回数がほしい選手がいる場合にも、この育成試合を使える。試合を通してわかる成果や課題もありますからね。そこは有効に使っていこうと考えています。

――最後にずばり、小林二軍監督にとってのファーム組織とは何でしょう?

まず、第一は"育成の場"ですね。あと、一軍ほど勝ち負けにはこだわらない場所ではあるけれど、試合の中で覚えていくことはたくさんある。試合では必ず結果が出るわけで、良い結果を導き出すための良い経験を、数多く積み上げていって欲しい場所だということでしょうか! 将来有望な選手は多い。彼らの中から一軍の戦力に足りうる選手を一人でも多く送り出していきたい。それこそ、僕が預かるファーム組織の最大のミッションであると考えます!

GAME SCHEDULE

ファーム日程

新型コロナウイルス感染状況により、試合日程・試合開始時間等が変更になる場合があります。最新情報は球団ホームページでご確認ください。

■ Bs主催ゲーム
- オセアンBS ▶ オセアンバファローズスタジアム舞洲
- シティS ▶ 大阪シティ信用金庫スタジアム
- 京セラD ▶ 京セラドーム大阪
- ほっと神戸 ▶ ほっともっとフィールド神戸

地方主催ゲーム
- 佐藤スタ ▶ 佐藤薬品スタジアム
- 東大阪 ▶ 花園セントラルスタジアム
- 紀三井寺 ▶ 紀三井寺公園野球場
- 豊中ローズ ▶ 豊島公園野球場
- 富田林BS ▶ 富田林バファローズスタジアム
- 高槻萩谷 ▶ 萩谷総合公園野球場
- くら寿司堺 ▶ 堺市原池公園野球場

□ ビジターゲーム

3・4月 MARCH & APRIL

月	火	水	木	金	土	日
3/15	16	17	18 2021シーズン開幕 ▶▶▶▶	19 vs.中日 オセアンBS 13:00	20 13:00	21 13:00
22	23 vs.福岡ソフトバンク タマスタ筑後 13:00	24 13:00	25 13:00	26 vs.広島 オセアンBS 13:00	27 くら寿司堺 13:00	28 オセアンBS 13:00
29	30 vs.阪神 鳴尾浜 12:30	31 12:30	4/1 12:30	2	3	4
5	6 vs.福岡ソフトバンク オセアンBS 13:00	7 13:00	8 13:00	9 vs.中日 ナゴヤ 12:30	10 12:30	11 12:30
12	13 vs.阪神 オセアンBS 13:00	14 13:00	15 13:00	16	17	18
19	20 vs.広島 由宇 12:30	21 12:30	22 12:30	23 vs.福岡ソフトバンク タマスタ筑後 13:00	24 13:00	25 福岡小郡 13:00
26	27 vs.阪神 鳴尾浜 12:30	28 12:30	29 甲子園 12:30	30 vs.中日 オセアンBS 12:30		

5月 MAY

月	火	水	木	金	土	日
					1 vs.中日 佐藤スタ 13:00	2 オセアンBS 13:00
3	4	5	6	7 vs.広島 オセアンBS 13:00	8 13:00	9
10	11 vs.阪神 オセアンBS 13:00	12 13:00	13 13:00	14	15 vs.東北楽天 楽天生命 18:00	16 14:00
17	18 vs.中日 ナゴヤ 12:30	19 12:30	20 12:30	21 vs.福岡ソフトバンク オセアンBS 13:00	22 東大阪 13:00	23 13:00
24	25 vs.広島 由宇 12:30	26 12:30	27 12:30	28 vs.中日 ナゴヤ 12:30	29 12:30	30 蒲郡 13:00

5・6月 MAY & JUNE

月	火	水	木	金	土	日
5/31	6/1 vs.阪神 鳴尾浜 12:30	2 12:30	3	4 vs.福岡ソフトバンク オセアンBS 13:00	5 紀三井寺 13:00	6 オセアンBS
7	8	9	10	11 vs.広島 由宇 12:30	12 12:30	13 福山 12:30
14	15 vs.阪神 オセアンBS 13:00	16 13:00	17 13:00	18 vs.中日 オセアンBS 13:00	19 豊中ローズ 13:00	20
21	22 vs.広島 京セラD 10:30	23 オセアンBS 13:00	24	25 vs.福岡ソフトバンク タマスタ筑後 13:00	26 久留米 13:00	27 大分 13:00
28	29	30				

7月 JULY

月	火	水	木	金	土	日
			1	2 vs.阪神 オセアンBS 13:00	3 高槻萩谷 13:00	4 13:00
5	6 vs.広島 オセアンBS 13:00	7 13:00	8 13:00	9 vs.福岡ソフトバンク タマスタ筑後 18:00	10 17:00	11 13:00
12	13	14	15 フレッシュオールスター 松山	16 フレッシュオールスター（予備日）	17	18
19	20 vs.中日 ナゴヤ 14:00	21 14:00	22 12:30	23 vs.福岡ソフトバンク オセアンBS 13:00	24 富田林BS 13:00	25 13:00
26	27 vs.広島 由宇 12:30	28 12:30	29 12:30	30 vs.阪神 鳴尾浜 13:30	31 12:30	

月	火	水	木	金	土	日
						1 vs.阪神 鳴尾浜 12:30
3	**4**	**5**	**6**	**7**	**8**	
vs.中日 オセアンBS 13:00	13:00	13:00				
10	**11**	**12**	**13**	**14**	**15** MARUYAMA	
vs.広島 オセアンBS 13:00	13:00	13:00	vs.阪神 ほっと神戸 18:00	18:00	18:00	
17	**18**	**19**	**20**	**21**	**22**	
vs.北海道日本ハム 鎌ケ谷 13:00	13:00		vs.中日 ナゴヤ 14:00	12:30	豊橋 18:00	
24	**25**	**26**	**27**	**28**	**29** BA BE ATHLETE	
vs.阪神 鳴尾浜 12:30	12:30	12:30	vs.福岡ソフトバンク オセアンBS 13:00	佐藤スタ 12:30	オセアンBS 13:00	

月	火	水	木	金	土	日
/30	**31**	**9/1**	**2**	**3**	**4**	**5**
	vs.中日 オセアンBS 13:00	13:00	13:00			
	7	**8**	**9**	**10**	**11**	**12**
	vs.広島 由宇 12:30	12:30	12:30	vs.福岡ソフトバンク オセアンBS 13:00	くら寿司堺 13:00	シティS 13:00
	14	**15**	**16**	**17**	**18**	**19**
	vs.中日 ナゴヤ 13:30	13:30	12:30			
	21	**22**	**23**	**24**	**25**	**26**
	vs.福岡ソフトバンク タマスタ筑後 18:00	17:00	13:00	vs.阪神 鳴尾浜 12:30	12:30	
	28	**29**	**30**			
	vs.広島 オセアンBS 13:00	13:00	13:00			

ファームイベント情報

8/27 ⊕ 開場1周年記念試合 くら寿司スタジアム堺

5/9 ⊖ ホテル・ロッジ舞洲デー

6/16 ㊌ 上方温泉一休デー！
入浴招待券など抽選で素敵な賞品をプレゼント！

8/15 ⊖ 丸山工務店デー MARUYAMA

8/29 ⊖ ビ・アスリートデー
抽選でスポーツグッズをプレゼント！ BA BE ATHLETE

9/12 ⊖ Bsファーム感謝まつり！
応援に感謝！
イベント盛りだくさんの1日です！

●イベントの詳細は、球団公式HP・球団公式モバイルサイトにてご確認ください(掲載時期はイベントにより異なります)。
●イベントの名称、開催日、内容等は変更または中止となる場合がございます。予めご了承ください。

HOME STADIUM
ホームスタジアム

オセアンバファローズスタジアム舞洲

大阪府大阪市此花区北港緑地2-2-65

大阪シティ信用金庫スタジアム

大阪府大阪市此花区北港緑地2-3-142

電車・バスを利用される方

▶ JR環状線「西九条駅」下車、舞洲スポーツアイランド行(大阪シティバス81系統)で約35分
▶ JRゆめ咲線「桜島駅」下車、舞洲アクティブバス(北港観光バス2系統)で約15分
▶ 大阪メトロ「コスモスクエア駅」下車、コスモドリームライン(北港観光バス3系統)で約20分

車を利用される方

▶ 阪神高速5号湾岸線舞洲IC出て直進、此花大橋を渡る。
▶ 国道43号線・梅香交差点を西へ直進、此花大橋を渡る。
▶ 南港(咲洲)方面からは夢咲トンネルを通過し、夢舞大橋を渡る。

入場料金		
球場	券種	当日・前売
オセアンBS舞洲 大阪シティ信用金庫スタジアム 京セラドーム大阪 ほっともっとフィールド神戸	大人 (高校生以上)	1,200円(税込)
	こども (小・中学生)	500円(税込)
上記各特別席	大人 (高校生以上)	1,500円(税込)
	こども (小・中学生)	500円(税込)

●チケット販売等につきましては、球団ホームページをご確認ください。
●BsCLUB会員、モバイルサイト有料会員の割引、招待はありません。
●地方球場の入場料金については、決定次第球団HPにてご案内します。

ファームが街にやって来る!

多くの方々に、オリックス・バファローズを「自分たちのチームだ!」と実感していただくため、下記球場でもファーム公式戦を開催します。
選手たちの熱戦を球場でご覧ください。みなさまのご来場、お待ちしています。

高槻市

高槻萩谷バファローズ球場※
7月**3**日(土)・**4**日(日)
13:00 vs.

FARM
INFORMATION
2021

豊中市

豊中ローズバファローズ球場※
6月**19**日(土)・**20**日(日)
13:00 vs.

東大阪市

花園セントラル
バファローズスタジアム※
5月**22**日(土)・**23**日(日)
13:00 vs.

堺市

くら寿司スタジアム堺
3月**27**日(土)
13:00 vs.

9月**11**日(土)
13:00 vs.

奈良県

佐藤薬品バファローズスタジアム※
5月**1**日(土)
13:00 vs.

8月**28**日(土)
13:00 vs.

和歌山県

紀三井寺公園野球場
6月**5**日(土)
13:00 vs.

富田林市

富田林バファローズスタジアム※
7月**24**日(土)・**25**日(日)
13:00 vs.

大阪府
奈良県
和歌山県

124　※試合日だけのスタジアムニックネームです。

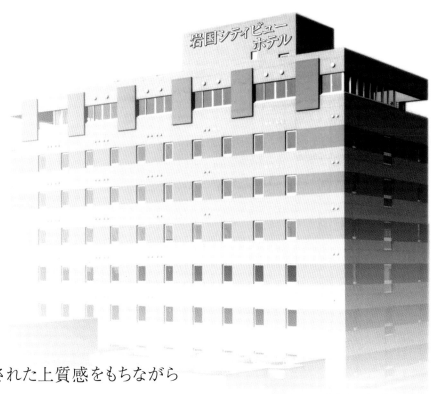

やすらぎの空間
上質なおもてなし。

洗練された上質感をもちながら
やすらぎの満ちた客室で快適なひとときを
お過ごしいただけます。
スパ施設もそろえたリラクゼーションホテル
行き届いたサービスと笑顔で、
皆様をお迎えいたします。

IWAKUNI
CITY VIEW HOTEL
岩国シティビューホテル

〒740-0018 山口県岩国市麻里布3-1-12 TEL0827-22-1341
E-mail:info@cityviewhotel.jp ［URL］http://www.cityviewhotel.jp

JR岩国駅表口(西口)より徒歩3分

岩国錦帯橋空港　岩国錦帯橋空港から車で7分　岩国⇄羽田！片道約90分

2021 SPRING
TRAINING
SHOT

2021 SPRING
TRAINING
SHOT

ORIX BUFFALOES 2020 RECORD

昨シーズンの記録

■パシフィック・リーグ公式戦勝敗表

チーム	試合	勝利	敗北	引分	勝率	差	ホーム	ロード	対福岡ソフトバンク	対千葉ロッテ	対埼玉西武	対東北楽天	対北海道日本ハム	対オリックス
福岡ソフトバンク	120	73	42	5	.635	—	40勝19敗1分	33勝23敗4分	—	11勝12敗1分	13勝10敗1分	15勝9敗	17勝6敗1分	17勝5敗2分
千葉ロッテ	120	60	57	3	.513	14.0	35勝23敗2分	25勝34敗1分	12勝11敗1分	—	9勝15敗	8勝15敗1分	13勝11敗	18勝5敗1分
埼玉西武	120	58	58	4	.500	15.5	35勝22敗3分	23勝36敗1分	10勝13敗1分	15勝9敗	—	12勝10敗2分	10勝14敗	11勝12敗1分
東北楽天	120	55	57	8	.491	16.5	31勝25敗4分	24勝32敗4分	9勝15敗	15勝8敗1分	10勝12敗2分	—	11勝10敗3分	10勝12敗2分
北海道日本ハム	120	53	62	5	.461	20.0	31勝26敗3分	22勝36敗2分	6勝17敗1分	11勝13敗	14勝10敗	10勝11敗3分	—	12勝11敗1分
オリックス	120	45	68	7	.398	27.0	26勝31敗3分	19勝37敗4分	5勝17敗1分	5勝18敗1分	12勝11敗1分	12勝10敗2分	11勝2敗1分	—

■個人投手成績 ※一規定投球回=120回以上

選手	試合	完投	完封	勝利	敗戦	引分	セーブ	勝率	投球回数	安打	本塁打	四球	故意四球	死球	三振	暴投	ボーク	失点	自責点	防御率
山本 由伸	18	1	0	8	4	0	0	.667	126 2/3	82	6	37	0	6	149	1	0	34	31	2.20
田嶋 大樹	20	1	1	4	6	0	0	.400	122 1/3	102	14	42	0	7	89	2	0	57	55	4.05
比嘉 幹貴	20	0	0	0	0	0	0	.000	12 2/3	5	1	5	2	1	11	0	0	1	1	0.71
吉田 凌	35	0	0	2	2	0	0	.500	29	15	1	15	1	2	33	3	0	7	7	2.17
ヒギンス	41	0	0	3	3	1	0	.500	41 1/3	37	2	20	3	0	45	1	0	11	11	2.40
山岡 泰輔	12	1	0	4	5	0	0	.444	69 1/3	68	7	21	1	2	64	3	0	22	20	2.60
竹安 大知	2	0	0	1	0	0	0	1.000	9	8	0	5	0	1	3	0	0	5	3	3.00
増井 浩俊	16	0	0	2	2	0	0	.500	35 2/3	27	3	20	0	1	29	1	0	13	12	3.03
ディクソン	39	0	0	4	4	0	16	.500	35 2/3	34	2	16	1	1	32	2	0	15	13	3.28
漆原 大晟	22	0	0	0	0	0	2	.000	23 2/3	20	2	13	0	1	30	0	0	9	9	3.42
澤田 圭佑	24	0	0	0	2	0	0	.000	21	16	5	8	2	0	24	0	0	10	8	3.43
山田 修義	48	0	0	4	5	1	0	.444	39 1/3	37	1	19	0	1	44	0	0	20	17	3.89
アルバース	16	0	0	4	8	0	0	.333	89	93	12	22	0	3	66	0	0	42	39	3.94
宮城 大弥	3	0	0	1	1	0	0	.500	16	19	4	6	0	1	16	1	0	8	7	3.94
齋藤 綱記	32	0	0	1	1	0	0	.500	24 2/3	24	3	8	1	1	23	1	0	11	11	4.01
小林 慶祐	7	0	0	0	0	0	0	.000	6 2/3	11	0	5	0	0	5	0	0	3	3	4.05
吉田 一将	23	0	0	1	1	0	0	.500	35 1/3	38	3	12	0	1	34	2	0	17	16	4.08
張 奕	13	0	0	2	4	0	0	.333	48	50	5	16	0	2	46	1	1	26	23	4.31
富山 凌雅	18	0	0	0	2	1	0	.000	18 1/3	14	3	10	0	1	15	0	0	9	9	4.42
山崎 福也	15	0	0	5	5	0	0	.500	84	71	12	33	0	2	46	0	0	45	42	4.50
荒西 祐大	29	0	0	0	0	0	0	.000	31 1/3	31	6	11	0	2	21	1	0	18	17	4.88
東明 大貴	2	0	0	0	0	0	0	.000	3 2/3	4	1	1	0	0	1	0	0	2	2	4.91
榊原 翼	9	0	0	1	4	0	0	.200	43 1/3	44	5	39	0	1	31	2	0	26	25	5.19
金田 和之	6	0	0	0	0	0	0	.000	8 1/3	10	1	7	0	0	7	0	0	6	6	6.48
鈴木 優	13	0	0	1	3	0	1	.250	38 2/3	30	6	29	0	1	41	1	0	29	28	6.52
本田 仁海	1	0	0	0	1	0	0	.000	4	8	0	4	0	1	2	0	0	7	3	6.75
村西 良太	4	0	0	0	1	0	0	.000	8	6	2	10	0	0	5	0	0	8	8	9.00
神戸 文也	5	0	0	0	0	0	0	.000	5 2/3	9	0	7	0	0	6	0	0	6	6	9.53
K-鈴木	8	0	0	0	2	0	0	.000	13 2/3	23	4	14	0	1	10	0	0	17	16	10.54
海田 智行	6	0	0	1	0	0	0	.000	4 1/3	8	0	1	0	0	4	0	0	7	7	14.54
飯田 優也	4	0	0	0	0	0	0	1.000	4	11	0	1	0	0	5	1	0	7	7	15.75
左澤 優	2	0	0	0	0	0	0	.000	1 1/3	3	1	0	0	0	1	0	0	3	3	20.25
チーム計	120	3	1	45	68	7	20	.398	1054	958	107	458	14	39	937	23	1	502	465	3.97

■個人打撃成績表 ※一規定打席=372打席以上

選手	試合	打席	打数	得点	安打	二塁打	三塁打	本塁打	打点	盗塁	犠打	犠飛	四球	故意四球	死球	三振	併殺	打率	長打率	出塁率
吉田 正尚	120	492	408	55	143	22	1	14	64	8	0	4	72	17	8	29	6	.350	.512	.453
T-岡田	100	377	328	36	84	18	0	16	55	5	0	5	40	1	4	87	11	.256	.457	.340
頓宮 裕真	12	35	32	5	10	3	0	2	5	0	0	0	3	0	0	11	0	.313	.594	.371
安達 了一	78	311	266	32	77	9	2	2	23	15	16	2	26	1	1	48	6	.289	.361	.353
モヤ	46	176	164	20	45	8	2	12	38	0	0	0	11	1	1	33	7	.274	.567	.324
杉本 裕太郎	41	141	127	13	34	3	1	2	17	1	0	0	10	0	4	28	4	.268	.354	.340
伏見 寅威	71	198	189	14	49	7	2	6	23	0	0	2	1	0	6	35	4	.259	.413	.281
太田 椋	20	61	54	6	14	2	0	3	5	0	2	0	4	0	1	19	0	.259	.463	.322
ジョーンズ	87	338	302	29	78	12	0	12	43	1	0	2	32	0	2	66	6	.258	.417	.331
福田 周平	76	312	260	33	67	12	4	0	24	13	3	3	43	0	3	44	5	.258	.335	.366
西野 真弘	23	77	69	4	17	3	0	0	5	0	2	1	4	0	0	10	1	.246	.290	.297
若月 健矢	75	215	192	14	46	12	0	3	19	2	8	1	9	0	5	40	4	.240	.349	.290
小田 裕也	87	94	88	19	21	3	2	1	7	4	3	0	2	0	1	23	1	.239	.352	.264
紅林 弘太郎	5	18	17	1	4	0	0	0	2	0	0	0	1	0	0	4	1	.235	.235	.278
宗 佑磨	72	203	182	16	41	10	1	1	9	5	10	0	6	0	5	32	2	.225	.308	.288
松井 雅人	23	40	36	2	8	2	0	1	4	0	0	0	3	0	1	7	2	.222	.361	.300
山足 達也	63	105	96	21	21	5	0	0	3	3	3	0	4	0	2	13	0	.219	.302	.242
ロドリゲス	59	211	193	11	42	10	0	6	25	0	0	1	14	0	3	55	3	.218	.363	.280
大下 誠一郎	32	104	88	10	19	6	0	2	9	0	2	1	8	0	5	18	2	.216	.352	.314
佐野 皓大	97	162	140	22	30	3	2	0	13	13	0	0	9	0	1	37	2	.214	.293	.262
松井 佑介	29	53	53	2	11	2	1	0	4	0	0	0	0	0	0	12	1	.208	.283	.208
大城 滉二	94	285	251	25	52	3	0	1	14	7	11	0	20	0	3	51	4	.207	.231	.274
西浦 颯大	49	97	91	13	17	1	0	0	5	5	0	0	5	0	0	21	1	.187	.264	.229
西村 凌	29	76	62	7	10	2	0	2	5	0	0	0	12	0	1	16	1	.161	.242	.268
廣澤 伸哉	23	22	19	2	3	0	0	0	0	0	0	0	0	0	0	7	0	.158	.158	.158
小島 脩平	13	20	20	1	3	2	0	0	3	0	0	0	0	0	0	9	1	.150	.250	.150
中川 圭太	45	155	144	15	21	3	0	2	13	0	0	0	9	0	2	25	6	.146	.208	.195
後藤 駿太	23	62	50	4	6	0	0	0	4	2	6	0	3	0	0	17	0	.120	.120	.241
宜保 翔	10	18	17	0	2	0	0	0	2	0	0	0	0	0	0	8	0	.118	.176	.118
勝俣 翔貴	5	8	8	0	0	0	0	0	0	0	0	0	0	0	0	2	0	.000	.000	.000
白崎 浩之	3	0	0	0	0	0	0	0	0	0	0	0	0	0	0	0	0	.000	.000	.000
山崎 勝己	2	1	1	0	0	0	0	0	0	0	0	0	0	0	0	0	0	.000	.000	.000
チーム計	120	4467	3947	442	975	166	19	90	422	95	89	21	361	20	49	811	86	.247	.367	.316

■ウエスタン・リーグ公式戦勝敗表

チーム	試合	勝利	敗北	引分	勝率	差	ホーム	ロード	対福岡ソフトバンク	対中日	対オリックス	対広島	対阪神	交流戦
福岡ソフトバンク	75	43	26	6	.623	—	29勝13敗4分	14勝13敗2分	—	8勝7敗3分	10勝8敗1分	10勝6敗	15勝5敗2分	—
中日	77	37	32	8	.536	6.0	20勝11敗2分	17勝21敗6分	7勝8敗3分	—	9勝11敗1分	11勝6敗3分	10勝7敗1分	—
オリックス	86	42	38	6	.525	6.5	20勝18敗3分	22勝20敗3分	8勝10敗1分	11勝9敗1分	—	12勝9敗	10勝9敗4分	1勝1敗
広島	76	30	42	4	.417	14.5	16勝19敗4分	14勝23敗	6勝10敗	6勝11敗3分	9勝12敗	—	9勝9敗1分	—
阪神	82	30	44	8	.405	15.5	16勝21敗3分	14勝23敗5分	5勝15敗2分	7勝10敗1分	9勝10敗4分	9勝9敗1分	—	—

■交流戦勝敗表

チーム	試合	勝利	敗北	引分	勝率	ホーム	ロード	対楽天	対横浜DeNA	対巨人	対千葉ロッテ	対東京ヤクルト	対北海道日本ハム	対埼玉西武
福岡ソフトバンク	0	0	0	0	.000	—	—	—	—	—	—	—	—	—
中日	0	0	0	0	.000	—	—	—	—	—	—	—	—	—
オリックス	2	1	1	0	.500	1勝1敗	—	—	—	—	—	—	1勝1敗	—
広島	0	0	0	0	.000	—	—	—	—	—	—	—	—	—
阪神	0	0	0	0	.000	—	—	—	—	—	—	—	—	—

■個人投手成績 ※一規定投球回＝68 2/3回以上

選手	試合	完投	完封	勝利	敗戦	引分	セーブ	勝率	投球回数	安打	本塁打	四球	故意四球	死球	三振	暴投	ボーク	失点	自責点	防御率
本田 仁海	14	1	1	4	5	0	0	.444	78 2/3	103	3	18	0	2	55	4	0	39	36	4.12
齋藤 綱記	13	0	0	0	0	0	0	.000	11	10	0	1	0	0	12	1	0	0	0	0.00
アルバース	1	0	0	1	0	0	0	1.000	7	5	0	2	0	0	4	0	1	1	0	0.00
荒西 祐大	3	0	0	0	0	0	0	.000	5	1	0	1	0	0	1	0	0	0	0	0.00
山崎 颯一郎	2	0	0	1	0	0	0	1.000	3	2	0	1	0	0	3	0	0	0	0	0.00
近藤 大亮	2	0	0	0	0	0	0	.000	2	1	0	0	0	0	2	0	0	0	0	0.00
黒木 優太	2	0	0	0	0	0	0	.000	2	0	0	2	0	0	3	0	0	0	0	0.00
山田 修義	1	0	0	1	0	0	0	1.000	1	0	0	0	0	0	1	0	0	0	0	0.00
山崎 福也	4	0	0	2	1	0	0	.667	20 2/3	10	0	6	0	0	16	0	0	2	2	0.87
竹安 大知	8	0	0	1	1	0	0	.500	27 2/3	23	0	9	0	0	25	3	0	3	3	0.98
増井 浩俊	10	0	0	2	0	0	1	1.000	31	26	0	9	0	0	27	0	0	8	5	1.45
金田 和之	30	0	0	1	1	0	4	.500	26 2/3	28	1	4	0	0	30	3	0	8	5	1.69
小林 慶祐	10	0	0	0	0	0	0	.000	10	8	0	4	0	0	9	0	0	2	2	1.80
吉田 一将	5	0	0	0	0	0	0	.000	9	8	1	2	0	0	8	0	0	2	2	2.00
張 奕	5	0	0	2	1	0	0	.667	21 1/3	24	1	5	0	3	16	2	0	6	5	2.11
漆原 大晟	6	0	0	1	2	0	0	.333	34	24	0	8	0	0	29	0	0	8	8	2.12
富山 凌雅	9	0	0	3	1	0	0	.750	40	36	2	15	0	0	25	1	0	16	11	2.48
宮城 大弥	13	0	0	6	2	0	0	.750	59 2/3	51	2	23	0	1	49	3	0	22	18	2.72
鈴木 優	12	0	0	1	1	0	2	.500	33	30	1	16	0	1	36	0	0	13	10	2.73
左澤 優	25	0	0	2	1	0	0	.667	36 1/3	41	3	16	0	1	15	3	0	18	12	2.97
海田 智行	25	0	0	0	0	0	0	.000	22	22	3	4	0	0	21	0	0	13	8	3.27
前 佑囲斗	14	0	0	0	3	0	0	.000	24	19	3	14	0	0	28	0	0	15	9	3.38
吉田 凌	7	0	0	1	0	0	0	1.000	5	3	1	1	0	0	5	0	0	2	2	3.60
村西 良太	8	0	0	2	1	0	0	.667	22 1/3	24	3	17	0	1	21	1	0	14	9	3.63
榊原 翼	10	0	0	4	1	0	0	.800	51 1/3	48	3	24	0	0	30	2	0	28	21	3.68
K・鈴木	29	0	0	2	4	3	11	.333	37 2/3	42	3	9	0	1	29	2	0	18	16	3.82
東明 大貴	25	0	0	1	0	0	0	1.000	25 2/3	27	2	6	0	2	19	2	0	14	11	3.86
澤田 圭佑	7	0	0	0	2	0	0	.000	7	11	0	0	0	0	7	0	0	3	3	3.86
中田 惟斗	21	0	0	1	2	2	3	.333	22	27	1	9	0	1	9	0	1	12	10	4.09
ヒギンス	1	0	0	0	0	0	0	.000	2	1	0	1	0	0	3	1	0	1	1	4.50
松山 真之	21	0	0	1	0	0	0	1.000	20	22	2	12	0	2	14	0	0	13	12	5.40
山岡 泰輔	3	0	0	1	0	0	0	1.000	11 2/3	16	0	7	0	0	12	0	0	9	8	6.17
東 晃平	6	0	0	0	2	0	0	.000	18 1/3	30	4	12	0	2	13	1	0	15	14	6.87
比嘉 幹貴	8	0	0	1	2	0	0	.333	7 2/3	11	0	1	0	0	8	0	0	7	6	7.04
飯田 優也	6	0	0	0	0	0	0	.000	11	12	2	9	0	0	9	0	0	7	6	7.36
佐藤 一磨	4	0	0	0	2	0	0	.000	6 2/3	12	3	11	0	1	4	0	0	14	13	17.55
神戸 文也	3	0	0	0	0	0	0	.000	2 1/3	5	0	1	0	0	1	0	0	6	5	19.29
谷岡 楓太	1	0	0	0	0	0	0	.000	1	3	0	3	0	0	1	0	0	3	3	27.00
チーム計	86	1	1	42	38	6	23	.525	756 2/3	780	42	280	0	18	597	34	3	346	279	3.32

■個人打撃成績表 ※一規定打席＝232打席以上

選手	試合	打席	打数	得点	安打	二塁打	三塁打	本塁打	打点	盗塁	犠打	犠飛	四球	故意四球	死球	三振	併殺	打率	長打率	出塁率
紅林 弘太郎	86	338	309	28	68	10	1	1	20	1	0	2	23	0	4	83	9	.220	.269	.281
大城 滉二	3	11	9	2	4	0	0	0	0	0	0	0	1	0	1	1	0	.444	.444	.545
杉本 裕太郎	33	101	81	20	30	9	1	3	12	0	0	0	14	0	6	12	2	.370	.617	.495
福田 周平	4	17	11	5	4	0	0	1	3	1	0	0	6	0	0	1	0	.364	.636	.588
西野 真弘	22	75	64	8	23	5	0	0	8	0	0	2	8	0	1	4	1	.359	.438	.427
中川 圭太	39	154	135	21	45	10	3	3	23	3	0	1	17	0	1	17	0	.333	.563	.409
松井 佑介	40	111	102	12	32	7	1	2	17	0	0	0	7	1	2	19	5	.314	.461	.369
西村 凌	36	125	112	16	33	9	1	2	13	1	0	1	11	0	2	20	3	.295	.446	.368
小島 脩平	31	58	51	10	15	4	0	0	7	1	0	0	7	0	0	6	0	.294	.373	.379
ロドリゲス	21	66	58	11	17	2	0	5	13	0	0	1	6	0	0	16	1	.293	.586	.348
モヤ	33	106	92	9	26	8	0	5	12	0	0	0	14	0	0	24	2	.283	.533	.377
宗 佑磨	17	72	61	6	17	2	2	0	9	0	0	1	9	0	3	4	2	.279	.377	.375
西浦 颯大	41	168	143	20	39	6	6	0	12	9	4	1	20	0	0	29	2	.273	.399	.360
頓宮 裕真	20	66	58	7	15	7	0	4	13	1	0	0	7	0	1	15	2	.259	.586	.348
白崎 浩之	46	125	109	15	27	9	1	3	19	2	1	1	11	0	3	28	3	.248	.431	.331
太田 椋	40	166	144	14	35	6	1	3	14	0	0	0	20	0	1	39	4	.243	.361	.337
後藤 駿太	63	178	153	28	37	4	3	5	17	5	2	1	21	0	1	38	1	.242	.405	.335
稲富 宏樹	39	99	92	10	22	1	2	2	12	0	3	1	3	0	0	18	1	.239	.359	.260
佐藤 優悟	35	72	59	6	14	4	1	2	11	2	2	0	6	0	6	19	1	.237	.339	.366
廣澤 伸哉	52	136	115	9	26	5	2	1	9	9	6	0	15	0	0	23	0	.226	.330	.315
岡崎 大輔	46	68	62	12	14	1	2	0	3	3	0	2	3	0	2	10	1	.226	.306	.284
佐野 皓大	12	53	50	7	11	4	0	1	4	3	0	0	2	0	1	12	0	.220	.360	.245
大下 誠一郎	58	204	178	18	39	15	1	2	21	0	1	0	20	0	5	25	2	.219	.348	.315
宜保 翔	47	83	78	8	17	3	1	0	4	0	2	0	2	0	1	18	2	.218	.269	.244
根本 薫	83	200	174	15	35	9	1	2	12	4	5	1	18	0	1	55	1	.201	.299	.278
フェリペ	46	104	96	9	18	2	0	2	12	0	0	0	6	0	2	23	0	.188	.229	.235
勝俣 翔貴	48	146	130	7	23	6	0	0	12	0	2	1	11	0	2	45	6	.177	.223	.250
山崎 勝己	18	23	22	0	3	0	0	0	0	0	0	1	0	0	0	6	1	.136	.136	.174
平野 大和	8	13	12	1	1	0	0	0	0	0	1	0	0	0	0	5	0	.083	.083	.154
山足 達也	3	6	5	2	0	0	0	0	1	0	0	0	1	0	0	1	0	.000	.000	.167
松井 雅人	4	5	5	0	0	0	0	0	0	0	0	0	0	0	0	1	0	.000	.000	.000
武田 健吾	41	61	55	6	9	2	0	0	2	0	0	0	4	0	2	4	2	.164	.255	.246
比屋根 彰人	64	147	139	9	22	9	0	2	8	0	0	0	7	0	1	55	4	.158	.266	.204
廣澤 伸樹	90	182	153	19	24	4	0	0	5	3	12	0	12	0	4	31	3	.157	.183	.241
飯田 大祐	53	121	102	5	16	4	1	0	9	4	0	2	12	0	0	25	4	.157	.216	.246
松井 雅人	16	37	35	3	5	2	0	0	2	0	0	0	2	0	0	7	3	.143	.200	.189
チーム計	86	3240	2843	353	703	149	31	47	326	49	36	17	302	1	42	630	70	.247	.371	.327

【発行】
オリックス野球クラブ株式会社

【発行日】
2021年3月26日

【発行所】
オリックス野球クラブ株式会社
大阪府大阪市西区千代崎3-北2-30

【発売】
メタ・ブレーン
〒150-0022
東京都渋谷区恵比寿南3-10-14-214

【制作】
ベースボール・タイムズ編集部

【編集】
大槻 美佳
松野 友克
三和 直樹
渡邊 幸恵
石井 ゆかり

【取材・原稿】
大前 一樹

【写真】
松村 真行
金田 秀則
花田 裕次郎
村本 万太郎
塙 新平

【デザイン】
武井 一馬
藤井 由佳
松田 恭典

【印刷】
凸版印刷株式会社

ORIX BUFFALOES THE PERFECT GUIDE 2021

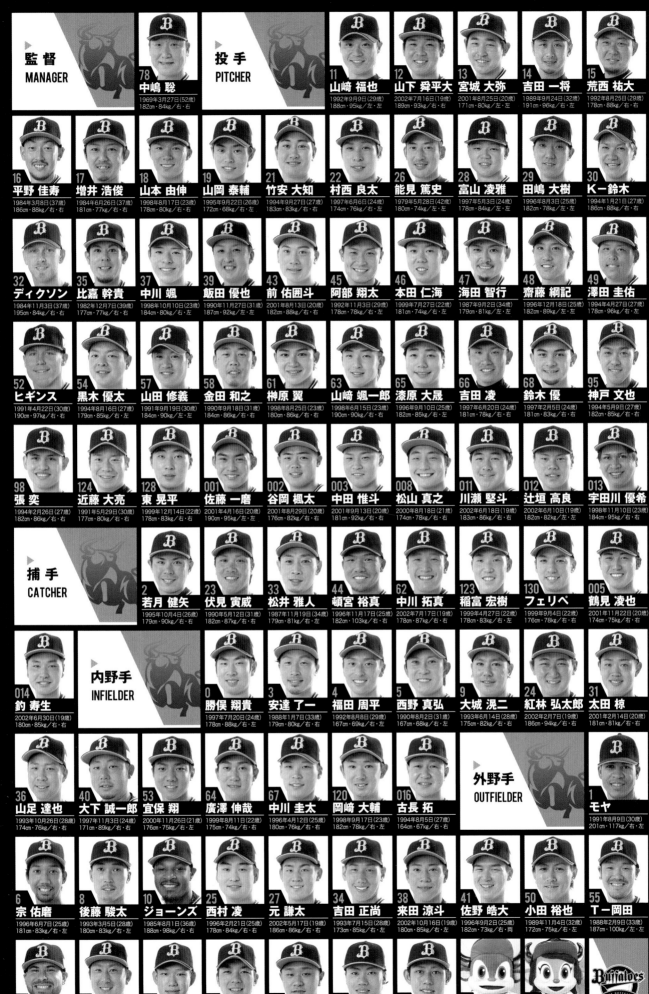

ORIX BUFFALOES PLAYERS LIST 2021